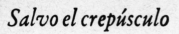

Salvo el crepúsculo

Julio Cortázar

Salvo el crepúsculo

EDICIONES
ALFAGUARA
S. A.

EDICIONES
ALFAGUARA
S. A.

PRINCIPE DE VERGARA, 81
28006 MADRID
TELEFONO 261 97 00
1985

ISBN: 84-204-2174-X
DEPOSITO LEGAL: M. 18.871.—1985

PRIMERA EDICION: MARZO 1985
SEGUNDA EDICION: MAYO 1985

INDICE

Arrimos

Discurso del no método, método del no discurso, y así vamos.

Lo mejor: no empezar, arrimarse por donde se pueda. Ninguna cronología, baraja tan mezclada que no vale la pena. Cuando haya fechas al pie, las pondré. O no. Lugares, nombres. O no. De todas maneras vos también decidirás lo que te dé la gana. La vida: hacer dedo, auto-stop, hitchhiking: se da o no se da, igual los libros que las carreteras.

Ahí viene uno. ¿Nos lleva, nos deja plantados?

*Sans doute avait-il la fièvre. Mais
peut-être la fièvre permet-elle de
voir et d'entendre ce
qu'autrement on ne voit et
n'entend pas.*

MARGUERITE YOURCENAR, *Anna, Soror*

BILLET DOUX

Ayer he recibido una carta sobremanera.
Dice que «lo peor es la intolerable, la continua». Y es para
    llorar, porque nos queremos, pero ahora se ve que el amor
    iba adelante, con las manos gentilmente
para ocultar la hueca suma de nuestros
    pronombres.
En un papel demasiado.
En fin, en fin.
Tendré que contestarte, dulcísima penumbra, y decirte: Bue-
    nos Aires, cuatro de noviembre de mil novecientos cin-
    cuenta. Así es el tiempo, la muesca de la luna presa en los
    almanaques, cuatro de.
Y se necesitaba tan poco para organizar el día en su justo
    paso, la flor en su exacto linde, el encuentro en la precisa.
Ahora bien, lo que se necesitaba.
Sigue a la vuelta, como una moneda, una
    alfombra, un irse.
(No se culpe a nadie de mi vida).

BACKGROUND

Tierra de atrás, literalmente.

Todo vino siempre de la noche, *background* inescapable, madre de mis criaturas diurnas. Mi solo psicoanálisis posible debería cumplirse en la oscuridad, entre las dos y las cuatro de la madrugada —hora impensable para los especialistas. Pero yo sí, yo puedo hacerlo a mediodía y exorcizar a pleno sol los íncubos, de la única manera eficaz: diciéndolos.

Curioso que para decir los íncubos haya tenido que acallarlos a la hora en que vienen al teatro del insomnio. Otras leyes rigen la inmensa casa de aire negro, las fiestas de larvas y empusas, los cómplices de una memoria acorralada por la luz y los reclamos del día y que sólo vuelca sus terciopelos manchados de moho en el escenario de la duermevela. Pasivo, espectador atado a su butaca de sábanas y almohadas, incapaz de toda voluntad de rechazo o de asimilación, de palabra fijadora. Pero después será el día, *cámara clara*. Después podremos revelar y fijar. No ya lo mismo, pero la fotografía de la escritura es como la fotografía de las cosas: siempre algo diferente para así, a veces, ser lo mismo.

Presencia, ocurrencia de mi *mandala* en las altas noches desnudas, las noches desolladas, allí donde otras veces conté corderitos o recorrí escaleras de cifras, de múltiplos y décadas y palindromas y acrósticos, huésped involuntario de las noches que se niegan a estar solas. Manos de inevitable rumbo me han hecho entrar en torbellinos de tiempo, de caras, en el baile de muertos y vivos confundiéndose en una misma fiebre fría mientras lacayos invisibles dan paso a nuevas máscaras y guardan las puertas contra el sueño, contra el único enemigo eficaz de la noche triunfante.

Luché, claro, nadie se entrega así sin apelar a las armas del olvido, a estúpidos corderos saltando una valla, a números de cuatro cifras que disminuirán de siete en siete hasta llegar a cero o recomenzarán si la cuenta no es justa. Quizá vencí alguna vez o la noche fue magnánima; casi siempre tuve que abrir los ojos a la ceniza de un amanecer, buscar una bata fría y ver llegar la fatiga anterior a todo esfuerzo, el sabor a pizarra de un día interminable. No sé vivir sin cansancio, sin dormir; no sé por qué la noche odia mi sueño y lo combate, murciélagos afrontados sobre mi cuerpo desnudo. He inventado cientos de recursos mnemotécnicos, las farmacias me conocen demasiado y también el Chivas Regal. Tal vez no merecía mi mandala, tal vez por eso tardó en llegar. No lo busqué jamás, cómo buscar otro vacío en el vacío; no fue parte de mis lúgubres juegos de defensa, vino como vienen los pájaros a una ventana, una noche estuvo ahí y hubo una pausa irónica, un decirme que entre dos figuras de exhumación o nostalgia se interponía una amable construcción geométrica, otro recuerdo por una vez inofensivo, diagrama regresando de viejas lecturas místicas, de grimorios medievales, de un tantrismo de aficionado, de alguna alfombra iniciática vista en los mercados de Jaipur o de Benarés. Cuántas veces rostros limados por el tiempo o habitaciones de una breve felicidad de infancia se habían dado por un instante, reconstruidos en el escenario fosforescente de los ojos cerrados, para ceder paso a cualquier construcción geométrica nacida de esas luces inciertas que giran su verde o su púrpura antes de ceder paso a una nueva invención de esa nada siempre más tangible que la vaga penumbra en la ventana. No lo rechacé como rechazaba tantas caras, tantos cuerpos que me devolvían a la rememoración o a la culpa, a veces a la dicha todavía más penosa en su imposibilidad. Le dejé estar, en la caja morada de mis ojos cerrados lo vi muy cerca, inmóvil en su forma definida, no lo reconocí como reconocía tantas formas del recuerdo, tantos recuerdos de formas, no hice nada por alejarlo con un brusco aletazo de los párpados, un giro en la cama buscando una región más fresca de la almohada. Lo dejé estar aunque hubiera podido destruirlo, lo miré como ni miraba las otras criaturas de la noche, le di acaso una sustancia primera, una urdimbre diferente o creí darle lo que ya tenía; algo indecible lo tendió ante mí como una fábrica diferente, un hijo de mi enemiga y a la vez mío, un telón musgoso entre las fiestas sepulcrales y su recurrente testigo.

Desde esa noche mi mandala acude a mi llamado apenas se encienden las primeras luces de la farándula, y aunque el sueño no venga con él y su presencia dure un tiempo que no sabría medir, detrás queda la noche desnuda y rabiosa mordiendo en esa tela invulnerable, luchando por rasgarla y poner de este lado los primeros visitantes, los previsibles y por eso más horribles secuencias de la dicha muerta, de un árbol en flor en el atardecer de un verano argentino, de la sonrisa de una mujer que vive una vida ya para siempre vedada a mi ternura, de un muerto que jugó conmigo sus últimos juegos de cartas sobre una sábana de hospital.

Mi mandala es eso, un simplísimo mandala que nace acaso de una combinación imaginaria de elementos, tiene la forma ovalada del recinto de mis ojos cerrados, lo cubre sin dejar espacios, en un primer plano vertical que reposa mi visión. Ni siquiera su fondo se distingue del color entre morado y púrpura que fue siempre el color del insomnio, el teatro de los desentierros y las autopsias de la memoria; se lo diría de un terciopelo mate en el que se inscriben dos triángulos entrecruzados como en tanto pentáculo de hechicería. En el rombo que define la oposición de sus líneas anaranjadas hay un ojo que me mira sin mirarme, nunca he tenido que devolverle la mirada aunque su pupila esté clavada en mí; un ojo como el *Udyat* de los egipcios, el iris intensamente verde y la pupila blanca como yeso, sin pestañas ni párpados, perfectamente plano, trazado sobre la tela viva por un pincel que no pretende la imitación de un ojo. Puedo distraerme, mirar hacia la ventana o buscar el vaso de agua en la penumbra; puedo alejar a mi mandala con una simple flexión de la voluntad, o convocar una imagen elegida por mí contra la voluntad de la noche; me bastará la primera señal del contraataque, el deslizamiento de lo elegido hacia lo impuesto para que mi mandala vuelva a tenderse entre el asedio de la noche y mi recinto invulnerable. Nos quedaremos así, seremos eso, y el sueño llegará desde su puerta invisible, borrándonos en ese instante que nadie ha podido nunca conocer.

Es entonces cuando empezará la verdadera sumersión, la que acato porque la sé de veras mía y no el turbio producto de la fatiga diurna y del *eyo*. Mi mandala separa la servidumbre de la revelación, la duermevela revanchista de los mensajes raigales. La noche onírica es mi verdadera noche; como en el insomnio, nada puedo hacer para impedir ese flujo que invade y somete, pero los sueños *sueños son*, sin que la conciencia pueda escogerlos, mientras que la parafernalia del insomnio juega turbiamente con las culpabilidades de la vigilia, las propone en una interminable ceremonia masoquista. Mi mandala separa las torpezas del insomnio del puro territorio que tiende sus puentes de contacto; y si lo llamo mandala es por eso, porque toda entrega a un mandala abre paso a una totalidad sin mediaciones, nos entrega a nosotros mismos, nos devuelve a lo que no alcanzamos a ser antes o después. Sé que los sueños pueden traerme el horror como la delicia, llevarme al descubrimiento o extraviarme en un laberinto sin término; pero también sé que soy lo que sueño y que sueño lo que soy. Despierto, sólo me conozco a medias, y el insomnio juega turbiamente con ese conocimiento envuelto en ilusiones; mi mandala me ayuda a caer en mí mismo, a colgar la conciencia allí donde colgué mi ropa al acostarme.

Si hablo de eso es porque al despertar arrastro conmigo jirones de sueños pidiendo escritura, y porque desde siempre he sabido que esa escritura –poemas, cuentos, novelas– era la sola fijación que me ha sido dada para no disolverme en ése que bebe su café matinal y sale a la calle para empezar un nuevo día. Nada tengo en contra de mi vida diurna, pero no es por ella que escribo. Desde muy temprano pasé de la escritura a la vida, del sueño a la vigilia. La vida aprovisiona los sueños pero los sueños devuelven la moneda profunda de la vida. En todo caso así es como siempre busqué o acepté hacer frente a mi trabajo diurno de escritura, de fijación que es también reconstitución. Así ha ido naciendo todo esto.

Sí, y más atrás, siempre, lo que nadie habrá dicho mejor
que Ricardo E. Molinari en *Analecta:*

> Mi cuerpo ha amado el viento y unos días hermosos
>   de Sudamérica.
> Dónde andarán con sus pies mordidos, con mi cara
>   sola. (Los días mueren en el cielo,
> como los peces sedientos, igual que la piel gris sobre
>   los seres,
> sobre la boca que se destruyó amando).
>
>
> Dónde andará mi cara, aquella otra, que alguien tuvo
>   entre sus manos
> mirándola como a un río asustado.
>
>
> Mi cuerpo ha querido su sangre y mi alma ha visitado
>   algunos muertos,
> igual que a una fuente, donde a veces llega la tarde
>   con un lirio.

CRONICA PARA CESAR

Y levantarás una gran ciudad
Y los puentes de la gran ciudad alcanzarán a otras ciudades
como la peste de las ratas cae sobre otras ratas y otros
    hombres

Todo lo que en tu ciudad esté vivo proclamará tu nombre
y te verás honrado
alabado y honrado
y tú mismo dirás tu nombre como si te miraras al espejo
porque ya no distinguirás entre los adoradores y el ídolo

Probablemente serás feliz
como todo hombre con mujer como todo hombre con ciudad
probablemente serás hermoso
como todo ídolo con piedra en la frente
como todo león con su aro de fuego corriendo por la arena

y levantarás una torre
y protegerás un circo
y darás nombre al séptimo hijo de las familias trabajadoras
No importa que en la sombra crezcan los hongos rosados
si el humo de las fábricas escribe tus iniciales en lo alto

El círculo de tiza se cerrará

y en las cavernas de la noche acabarán de pintar las
   imágenes protectoras

De hoy en adelante serás el sumo sacerdote
de mañana en mañana el oficiante de ti mismo

Y levantarás una gran ciudad
como las hormigas diligentes exaltan sus pequeños
   montículos
y harás venir la semilla de Rumania y el papel de Canadá
Habrá una loca alegría en las efemérides
y en el retorno de los equipos victoriosos

Todo esto no pasará de los límites de tu cuarto
pero levantarás una gran ciudad
de mediodía a medianoche
una ciudad corazón una ciudad memoria una ciudad infamia
La ciudad del hombre crecerá en el hombre de la ciudad

y se protegerán los unos de los otros
las sombras de las sombras
los perros de los perros
los niños de los niños
aunque las mujeres sigan tendidas contra los hombres
y clamen los pacifistas en las esquinas

Creo que morirás creyendo
que has levantado una ciudad

Creo que has levantado una ciudad

Creo en ti
en la ciudad

Entonces sí
ahora que creo
entonces sé que has levantado una ciudad

Ave César

EL HEROE

Con los ojos muy abiertos,
el corazón entre las manos
y los bolsillos llenos de palomas
mira el fondo del tiempo.

Ve su propio deseo, luces altas,
guirnaldas, flechas verdes, torres
de donde caen cabelleras
y nacen las espléndidas batallas.

Corre, el fervor lo embiste,
es su antorcha y su propio palafrén,
busca la entrada a la ciudad,
enarbola el futuro, clama como los vientos.

Todo está ahí, la calle abierta
y a la distancia el espejeo,
la inexplicable cercanía de lo que no alcanza
y cree alcanzar, y corre.

No es necesario un tropezón ni una estocada,
los cuerpos caen por su propio peso,
los ojos reconocen un momento
la verdad de la sombra.

Todavía se yergue,
todavía en su puño late el halcón de acero.
En las piedras rebota la clamante pregunta
del hombre por fin solo a la llegada.

Después es titubeo,
sospecha de que el fin no es el comienzo;

y al fondo de la calle
que parecía tan hermosa
no hay más que un árbol seco
y un abanico roto.

A UN DIOS DESCONOCIDO

Quienquiera seas
no vengas ya.
Los dientes del tigre se han mezclado a la semilla,
llueve un fuego continuo sobre los cascos protectores,
ya no se sabe cuándo acabarán las muecas,
el desgaste de un tiempo hecho pedazos.

Obedeciéndote hemos caído.

—La torre subía enhiesta, las mujeres
llevaban cascabeles en las piernas, se gustaba
un vino fuerte, perfumado. Nuevas rutas
se abrían como muslos a la alegre codicia,
a las carenas insaciables. ¡Gloria!
La torre desafiaba las medidas prudentes,
tal una fiesta de estrategos
era su propia guirnalda.
El oro, el tiempo, los destinos,
el pensar, la violenta caricia, los tratados,
las agonías, las carreras, los tributos,
rodaban como dados, con sus puntos de fuego.

Quienquiera seas, no vengas ya.
La crónica es la fábula para estos ojos tímidos
de cristales focales y bifocales, polaroid, antihalo,
para estas manos con escamas de cold-cream.
Obedeciéndote hemos caído.

—Los profesores obstinados hacen gestos de rata,

vomitan Gorgias, patesís, anfictionías y Duns Scoto,
concilios, cánones, jeringas, skaldas, trébedes,
qué descansada vida, los derechos del hombre, Ossian,
Raimundo Lulio, Pico, Farinata, Mío Cid, el peine
para que Melisendra peine sus cabellos.
Es así: preservar los legados, adorarte en tus obras,
eternizarte, a ti el relámpago.
Hacer de tu viviente rabia un apotegma,
codificar tu libre carcajada.
Quienquiera seas
no vengas ya.

—La ficción cara de harina, cómo se cuelga de su mono,
el reloj que puntual nos saca de la cama.
Venga usted a las dos, venga a las cuatro,
desgraciadamente tenemos tantos compromisos.
¿Quién mató a Cock Robín? Por no usar
los antisudorales, sí señora.

Por lo demás la bomba H, el peine con música,
los detergentes, el violín eléctrico,
alivian el pasaje de la hora. No es tan mala
la sala de la espera: tapizada.
—¿Consuelos, joven antropólogo? Surtidos:
usted los ve, los prueba y se los lleva.
La torre subía enhiesta,
pero aquí hay Dramamina.

Quienquiera seas
no vengas ya.
Te escupiríamos, basura, fabricado
a nuestra imagen
de nilón y de orlón, Iahvé, Dios mío

PARA ESCUCHAR CON AUDÍFONOS

Un técnico me lo explicó, pero no comprendí mucho. Cuando se escucha un disco con audífonos (no todos los discos, pero sí justamente los que no deberían hacer eso), ocurre que en la fracción de segundo que precede al primer sonido se alcanza a percibir, debilísimamente, ese primer sonido que va a resonar un instante después con toda su fuerza. A veces uno no se da cuenta, pero cuando se está esperando un cuarteto de cuerdas o un madrigal o un *lied,* el casi imperceptible pre-eco no tiene nada de agradable. Un eco que se respete debe venir después, no antes, qué clase de eco es ése. Estoy escuchando las *Variaciones Reales* de Orlando Gibbons, y entre una y otra, justamente allí en esa breve noche de los oídos que se preparan a la nueva irrupción del sonido, un lejanísimo acorde o las primeras notas de la melodía se inscriben en una audición como microbiana, algo que nada tiene que ver con lo que va a empezar medio segundo después y que sin embargo es su parodia, su burla infinitesimal. Elizabeth Schumann va a cantar *Du bist die Ruh,* hay ese aire habitado de todo fondo de disco por perfecto que sea y que nos pone en un estado de tensa espera, de dedicación total a eso que va a empezar, y entonces desde el ultrafondo del silencio alcanzamos horriblemente a oír una voz de bacteria o de robot que inframínimamente canta *Du bist,* se corta, hay todavía una fracción de silencio, y la voz de la cantante surge con toda su fuerza, *Du bist die Ruh* de veras.

(El ejemplo es pésimo, porque antes de que la soprano empiece a cantar hay un preludio del piano, y son las dos o tres notas iniciales del piano las que nos llegan por esa vía subliminal de que hablo; pero como ya se habrá entendido (por compartido, supongo) lo que digo, no vale la pena cambiar el ejemplo por otro más atinado; pienso que esta enfermedad fonográfica es ya bien conocida y padecida por todos).

Mi amigo el técnico me explicó que este pre-eco, que hasta ese momento me había parecido inconcebible, era resultado de esas cosas que pasan cuando hay toda clase de circuitos, *feedbacks,* alimentación electrónica y otros vocabularios ad-hoc. Lo que yo entendía por pre-eco, y que en buena y sana lógica temporal me parecía imposible, resultó ser algo perfectamente comprensible para mi amigo, aunque yo seguí sin entenderlo y poco me importó. Una vez más un misterio era explicado, el de que *antes* de que usted empiece a cantar el disco contiene ya el comienzo de su canto, pero resulta que no es así, usted empezó a partir del silencio y el pre-eco no es más que un retardo mecánico que se pre-graba con relación a, etc. Lo que no impide que cuando en el negro y cóncavo universo de los audífonos estamos esperando el arranque de un cuarteto de Mozart, los cuatro grillitos que se mandan la instantánea parodia un décimo de segundo antes nos caen más bien atravesados, y nadie entiende cómo las compañías de discos no han resuelto un problema que no parece insoluble ni mucho menos a la luz de todo lo que sus técnicos llevan resuelto desde el día en que Thomas Alva Edison se acercó a la corneta y dijo, para siempre, *Mary had a little lamb.*

Si me acuerdo de esto (porque me fastidia cada vez que escucho uno de esos discos en que los pre-ecos son tan exasperantes como los ronroneos de Glenn Gould mientras toca el piano) es sobre todo porque en estos últimos años les he tomado un gran cariño a los audífonos. Me llegaron muy tarde, y durante mucho tiempo los creí un mero recurso ocasional, enclave momentáneo para librar a parientes o vecinos de mis preferencias en materia de Varese, Nono, Lutoslavski o Cat Anderson, músicos más bien resonantes después de las diez de la noche. Y hay que decir que al principio el mero hecho de calzármelos en las orejas me molestaba, me ofendía; el aro ciñendo la cabeza, el cable enredándose en los hombros y los brazos, no poder ir a buscar un trago, sentirse bruscamente tan aislado del exterior, envuelto en un silencio fosforescente que no es el silencio de las casas y las cosas.

Nunca se sabe cuándo se dan los grandes saltos; de golpe me gustó escuchar jazz y música de cámara con los audífonos. Hasta ese momento había tenido una alta idea de mis altoparlantes Rogers, adquiridos en Londres después de una sabihonda disertación de un empleado de Imhof que me había vendido un Beomaster pero no le gustaban los altoparlantes de esa marca (tenía razón), pero ahora empecé a darme cuenta de que el sonido abierto era menos perfecto, menos sutil que su paso directo del audífono al oído. Incluso lo malo, es decir el pre-eco en algunos discos, probaba una acuidad más extrema de la reproducción sonora; ya no me molestaba el leve peso en la cabeza, la prisión psicológica y los eventuales enredos del cable.

Me acordé de los lejanísimos tiempos en que asistí al nacimiento de la radio en la Argentina, de los primeros receptores con piedra de galena y lo que llamábamos "teléfonos", no demasiado diferentes de los audífonos actuales salvo el peso. También en materia de radio los primeros altoparlantes eran menos fieles que los "teléfonos", aunque no tardaron en eliminarlos totalmente porque no se podía pretender que toda la familia escuchara el partido de fútbol con otros tantos artefactos en la cabeza. Quién iba a decirnos que sesenta años más tarde los audífonos volverían a imponerse en el mundo del disco, y que de paso –*horresco referens*– servirían para escuchar radio en su forma más estúpida y alienante como nos es dado presenciar en las calles y las plazas donde gentes nos pasan al lado como zombies desde una dimensión diferente y hostil, burbujas de desprecio o rencor o simplemente idiotez o moda y por ahí, andá a saber, uno que otro justificadamente separado del montón, no juzgable, no culpable.

Nomenclaturas acaso significativas: los altavoces también se llaman altoparlantes en español, y los idiomas que conozco se sirven de la misma imagen: *loudspeaker, haut-parleur*. En cambio los audífonos, que entre nosotros empezaron por llamarse "teléfonos" y después "auriculares", llegan al inglés bajo la forma de *earphones* y al francés como *casques d'écoute*. Hay algo más sutil y refinado en estas vacilaciones y variantes; basta advertir que en el caso de los altavoces, se tiende a centrar su función en la palabra más que en la música (parlante/speaker/parleur), mientras que los audífonos tienen un espectro semántico más amplio, son el término más sofisticado de la reproducción sonora.

Me fascina que la mujer que está a mi lado escuche discos con audífonos, que su rostro refleje sin que ella lo sepa todo lo que está sucediendo en esa pequeña noche interior, en esa intimidad total de la música y sus oídos. Si también yo estoy escuchando, las reacciones que veo en su boca o sus ojos son explicables, pero cuando sólo ella lo hace hay algo de fascinante en esos pasajes, esas transformaciones instantáneas de la expresión, esos leves gestos de las manos que convierten ritmos y sonidos en movimientos gestuales, música en teatro, melodía en escultura animada. Por momentos me olvido de la realidad, y los audífonos en su cabeza me parecen los electrodos de un nuevo Frankenstein llevando la chispa vital a una imagen de cera, animándola poco a poco, haciéndola salir de la inmovilidad con que creemos escuchar la música y que no es tal para un observador exterior. Ese rostro de mujer se vuelve una luna reflejando la luz ajena, luz cambiante que hace pasar por sus valles y sus colinas un incesante juego de matices, de velos, de ligeras sonrisas o de breves lluvias de tristeza. Luna de la música, última consecuencia erótica de un remoto, complejo proceso casi inconcebible.

¿Casi inconcebible? Escucho desde los audífonos la grabación de un cuarteto de Bartok, y siento desde lo más hondo un puro contacto con esa música que se cumple en su tiempo propio y simultáneamente en el mío. Pero después, pensando en el disco que duerme ya en su estante junto con tantos otros, empiezo a imaginar decursos, puentes, etapas, y es el vértigo frente a ese proceso cuyo término he sido una vez más hace unos minutos. Imposible describirlo —o meramente seguirlo— en todos sus pasos, pero acaso se pueden ver las eminencias, los picos del complejísimo gráfico. Principia por un músico húngaro que inventa, transmuta y comunica una estructura sonora bajo la forma de un cuarteto de cuerdas. A través de mecanismos sensoriales y estéticos, y de la técnica de su transcripción inteligible, esa estructura se cifra en el papel pentagramado que un día será leído y escogido por cuatro instrumentistas; operando a la inversa el proceso de creación, estos músicos transmutarán los signos de la partitura en materia sonora. A partir de ese retorno a la fuente original, el camino se proyectará hacia adelante; múltiples fenómenos físicos nacidos de violines y violoncellos convertirán los signos musicales en elementos acústicos que serán captados por un micrófono y transformados en impulsos eléctricos; estos serán a su vez convertidos en vibraciones mecánicas que impresionarán una placa fonográfica de la que saldrá el disco que ahora duerme en su estante. Por su parte el disco ha sido objeto de una lectura mecánica, provocando las vibraciones de un diamante en el surco (ese momento es el más prodigioso en el plano material, el más inconcebible en términos no científicos), y entra ahora en juego un sistema electrónico de traducción de los impulsos a señales acústicas, su devolución al campo del sonido a través de altavoces o de audífonos más allá de los cuales los oídos están esperando en su condición de micrófonos para a su vez comunicar los signos sonoros a un laboratorio central del que en el fondo no tenemos la menor idea útil, pero que hace media hora me ha dado el cuarteto de Bela Bartok en el otro vertiginoso extremo de ese recorrido que a pocos se les ocurre imaginar mientras escuchan discos como si fuera la cosa más sencilla de este mundo.

Cuando entro en mi audífono,
cuando las manos lo calzan en la cabeza con cuidado
porque tengo una cabeza delicada
y además y sobre todo los audífonos son delicados,
es curioso que la impresión sea la contraria,
soy yo el que entra en mi audífono, el que asoma la
    cabeza
a una noche diferente, a una oscuridad otra.
Afuera nada parece haber cambiado, el salón con sus
    lámparas,
Carol que lee un libro de Virginia Woolf en el sillón de
    enfrente,
los cigarrillos, Flanelle que juega con una pelota de
    pàpel,
lo mismo, lo de ahí, lo nuestro, una noche más.

y ya nada es lo mismo porque el silencio del afuera
    amortiguado
por los aros de caucho que las manos ajustan
cede a un silencio diferente,
un silencio interior, el planetario flotante de la sangre,
la caverna del cráneo, los oídos abriéndose a otra
    escucha,
y apenas puesto el disco ese silencio como de viva
    espera,
un terciopelo de silencio, un tacto de silencio, algo que
    tiene
de flotación intergaláxica, de música de esferas, un
    silencio
que es un jadeo silencio, un silencioso frote de grillos
    estelares,
una concentración de espera (apenas dos, cuatro
    segundos), ya la aguja
corre por el silencio previo y lo concentra
en una felpa negra (a veces roja o verde), un silencio
    fosfeno
hasta que estalla la primera nota o un acorde
también adentro, de mi lado, la música en el centro del
    cráneo de cristal

que vi en el British Museum, que contenía el cosmos
   centelleante
en lo más hondo de la transparencia, así
la música no viene del audífono, es como si surgiera de
   mí mismo, soy mi oyente,
espacio puro en el que late el ritmo
y urde la melodía su progresiva telaraña en pleno
   centro de la gruta negra.

Cómo no pensar, después, que de alguna manera la poesía es una palabra que se escucha con audífonos invisibles apenas el poema comienza a ejercer su encantamiento. Podemos abstraernos con un cuento o una novela, vivirlos en un plano que es más suyo que nuestro en el tiempo de lectura, pero el sistema de comunicación se mantiene ligado al de la vida circundante, la información sigue siendo información por más estética, elíptica, simbólica que se vuelva. En cambio el poema *comunica el poema,* y no quiere ni puede comunicar otra cosa. Su razón de nacer y de ser lo vuelve interiorización de una interioridad, exactamente como los audífonos que eliminan el puente de fuera hacia adentro y viceversa para crear un estado exclusivamente interno, presencia y vivencia de la música que parece venir desde lo hondo de la caverna negra.

Nadie lo vio mejor que Rainer María Rilke en el primero de los sonetos a Orfeo:

> *O Orpheus singt! o Hoher Baum im Ohr!*
> Orfeo canta. ¡Oh, alto árbol en el oído!

Arbol interior: la primera maraña instantánea de un cuarteto de Brahms o de Lutoslavski, dándose en todo su follaje. Y Rilke cerrará su soneto con una imagen que acendra esa certidumbre de creación interior, cuando intuye por qué las fieras acuden al canto del dios, y dice a Orfeo:

> *da shufst du ihnen Tempel im Gehör*
> y les alzaste un templo en el oído.

Orfeo es la música, no el poema, pero los audífonos catalizan esas "similitudes amigas" de que hablaba Valéry. Si audífonos materiales hacen llegar la música desde adentro, el poema es en sí mismo un audífono del verbo; sus impulsos pasan de la palabra impresa a los ojos y desde ahí alzan el altísimo árbol en el oído interior.

vem navio
vai navio
vir navio
ver navio
ver não ver
vir não vir
vir não ver
ver não vir
ver navios

HAROLDO DE CAMPOS, *Fome de forma*

De edades y tiempos

El sentimiento de la poesía en la infancia: me gustaría saber más, pero temo caer en las extrapolaciones a la inversa, recordar obligadamente desde el *hic et nunc* que deforma casi siempre el pasado (Proust incluido, mal que les pese a los ingenuos).

Hay cosas que vuelven a ráfagas, que alcanzan a reproducir durante un segundo las vivencias profundas, acríticas del niño: sentirme a cuatro patas bajo las plantaciones de tomates o de maíz del jardín de Bánfield, rey de mi reino, mirando los insectos sin intermediarios entomológicos, oliendo como me es imposible oler hoy la tierra mojada, las hojas, las flores. Si de esa revivencia paso a las lecturas, veo sobre todo las páginas de *El Tesoro de la Juventud* (dividido en secciones, y entre ellas *El libro de la Poesía* que abarcaba un enorme espectro desde la antigüedad hasta el modernismo). Mezcla inseparable, Olegario Andrade, Longfellow, Milton, Gaspar Núñez de Arce, Edgar Allan Poe, Sully Prudhomme, Victor Hugo, Rubén Darío, Lamartine, Bécquer, José María de Heredia... Una sola cosa segura: la preferencia –forzada por la del antólogo– por la poesía rimada y ritmada, tempranísimo descubrimiento del soneto, de las décimas, de las octavas reales. Y una facilidad inquietante (no para mí, para mi madre que imaginaba plagios disimulados) a la hora de escribir poemas perfectamente medidos y de impecables rimas, por lo demás *signifying nothing* más allá de la cursilería romántica de un niño frente a amores imaginarios y cumpleaños de tías o de maestras.

Otra ráfaga: recuerdo haber amado un eco interno en una elegía escrita después de la lectura de *El Cuervo*, sin sospechar que eso se llamaba aliteración:

¡Pobre poeta, desdichado Poe!

Y un final de soneto, escrito después de haber visto Buenos Aires de noche, desde el balcón de un décimo piso:

Y la ciudad parece así, dormida,
Una pradera nocturnal, florida
Por un millón de blancas margaritas.

Bonito ¿no? *Nocturnal...* el pibe ya no le tenía miedo a las palabras, aunque todavía no supiera qué hacer con ellas.

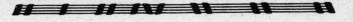

UN BUEN PROGRAMA

Poeta
Antipoeta
Culto
Anticulto
Animal metafísico cargado de congojas
Animal espontáneo sangrando sus problemas

VICENTE HUIDOBRO, *Altazor*

POLICRONIAS

Es increíble pensar que hace doce años
cumplí cincuenta, nada menos.

¿Cómo podía ser tan viejo
hace doce años?

Ya pronto serán trece desde el día
en que cumplí cincuenta. No parece
posible.
El cielo es más y más azul,
y vos más y más linda.
¿No son acaso pruebas
de que algo anda estropeado en los relojes?
El tabaco y el whisky se pasean
por mi cuarto, les gusta
estar conmigo. Sin embargo
es increíble pensar que hace doce años
cumplí dos veces veinticinco.
Cuando tu mano viaja por mi pelo
sé que busca las canas, vagamente
asombrada. Hay diez o doce,
tendrás un premio si las encontrás.
Voy a empezar a leer todos los clásicos
que me perdí de viejo. Hay que apurarse,
esto no te lo dan de arriba, falta poco
para cumplir trece años desde
que cumplí los cincuenta.
A los catorce pienso

que voy a tener miedo,
catorce es una cifra
que no me gusta nada
para decirte la verdad.

Nairobi, 1976

ANDELE

1)

Como una carretilla de pedruscos
cayéndole en la espalda, vomitándole
su peso insoportable,
así le cae el tiempo a cada despertar.

Se quedó atrás, seguro, ya no puede
equiparar las cosas y los días,
cuando consigue contestar las cartas
y alarga el brazo hacia ese libro o ese disco,
suena el teléfono: a las nueve esta noche,
llegaron compañeros con noticias,
tenés que estar sin falta, viejo,

o es Claudine que reclama su salida o su almohada,
o Roberto con depre, hay que ayudarlo,
o simplemente las camisas sucias
amontonándose en la bañadera
como los diarios, las revistas, y ese

ensayo de Foucault, y la novela
de Erica Jong y esos poemas
de Sigifredo sin hablar de mil
trescientos grosso modo libros discos y películas,

más el deseo subrepticio de releer *Tristram Shandy*,
Zama, La vida breve, el Quijote, Sandokán,
        y escuchar otra vez todo Mahler o Delius
        todo Chopin todo Alban Berg,
        y en la cinemateca *Metrópolis, King Kong,*
        La barquera María, La edad de oro —Carajo,

la carretilla de la vida
con carga para cinco décadas, con sed
de viñedos enteros, con amores
que inevitablemente superponen
tres, cinco, siete mundos
que debieran latir consecutivos
y en cambio se combaten simultáneos
en lo que llaman poligamia y que tan sólo
es el miedo a perder tantas ventanas
sobre tantos paisajes, la esperanza
de un horizonte entero—

2)

Hablo de mí, cualquiera se da cuenta,
pero ya llevo tiempo (siempre tiempo)
sabiendo que en el mí estás vos también,
y entonces:

        No nos alcanza el tiempo,
        o nosotros a él,
        nos quedamos atrás por correr demasiado,
        ya no nos basta el día
        para vivir apenas media hora.

3)

El futuro se escinde, maquiavelo:
el más lejano tiene un nombre, muerte,
y el otro, el inmediato, carretilla.

¿Cómo puede vivirse en un presente
apedreado de lejos? No te queda
más que fingir capacidad de aguante:
agenda hora por hora, la memoria
almacenando en marzo los pagarés de junio,
la conferencia prometida,
el viaje a Costa Rica, la planilla de impuestos,
Laura que llega el doce,
un hotel para Ernesto,
no olvidarse de ver al oftalmólogo,
se acabó el detergente,
habrá que reunirse
con los que llegan fugitivos
de Uruguay y Argentina,
darle una mano a esa chiquita
que no conoce *a nadie* en Amsterdam,
buscarle algún laburo a Pedro Sáenz,
escucharle su historia a Paula Flores
que necesita repetir y repetir
cómo acabaron con su hijo en Santa Fe.

Así se te va el hoy
en nombre de mañana o de pasado,
así perdés el centro
en una despiadada excentración
a veces útil, claro,
útil para algún otro, y está bien.

Pero vos, de este lado de tu tiempo,
¿cómo vivís, poeta?,
¿cuánta nafta te queda para el viaje
que querías tan lleno de gaviotas?

4)

No se me queje, amigo,
las cosas son así y no hay vuelta.
Métale a este poema tan prosaico

que unos comprenderán y otros tu abuela,
dése al menos el gusto
de la sinceridad y al mismo tiempo
> conteste esa llamada, sí, de acuerdo,
> el jueves a las cuatro,
> de acuerdo, amigo Ariel,
> hay que hacer algo por los refugiados.

5)

Pero pasa que el tipo es un poeta
y un cronopio a sus horas,
que a cada vuelta de la esquina
le salta encima el tigre azul,
un nuevo laberinto que reclama
ser relato o novela o viaje a Islandia
(ha de ser tan translúcida la alborada en Islandia,
se dice el pobre punto en un café de barrio).
> Le debe cartas necesarias a Ana Svensson,
> le debe un cuarto de hora a Eduardo, y un paseo
> a Cristina, como el otro
> murió debiéndole a Esculapio un gallo,
> como Chénier en la guillotina,
> tanta vida esperándolo, y el tiempo
> de un triángulo de fierro solamente
> y ya la nada. Así, el absurdo
> de que el deseo se adelante
> sin que puedas seguirlo, pies de plomo,
> la recurrente pesadilla diurna
> del que quiere avanzar y lo detiene
> el pegajoso cazamoscas del deber,

la rémora del diario
con las noticias de Santiago mar de sangre,
con la muerte de Paco en la Argentina,
con la muerte de Orlando, con la muerte
y la necesidad de denunciar la muerte
cuando es la sucia negación, cuando se llama
Pinochet y López Rega y Henry Kissinger.

(Escribiremos otro día el poema,
vayamos ahora a la reunión, juntemos unos pesos,
llegaron compañeros con noticias,
tenés que estar sin falta, viejo).

6)

Vendrán y te dirán (ya mismo, en esta página)
sucio individualista,
tu obligación es darte sin protestas,
escribir para el hoy para el mañana
sin nostalgias de Chaucer o Rig Veda,
sin darle tiempo a Raymond Chandler o Duke Ellington,
basta de babosadas de pequeñoburgués,
hay que luchar contra la alienación ya mismo,
dejate de pavadas,
elegí entre el trabajo partidario
o cantarle a Gardel.

7)

Dirás, ya sé, que es lamentarse al cuete
y tendrás la razón más objetiva.
Pero no es para vos que escribo este prosema,
lo hago pensando en el que arrima el hombro
mientras se acuerda de Rubén Darío
o silba un blues de Big Bill Broonzy.

            Así era Roque Dalton, que ojalá
            me mirara escribir por sobre el hombro
            con su sonrisa pajarera,
            sus gestos de cachorro, la segura
            bella inseguridad del que ha elegido
            guardar la fuerza para la ternura
            y tiernamente gobernar su fuerza.
            Así era el Che con sus poemas de bolsillo,

su Jack London llenándole el vivac
de buscadores de oro y esquimales,
y eran también así
los muchachos nocturnos que en La Habana
me pidieron hablar, Marcia Leiseca
llevándome en la sombra hasta un balcón
donde dos o tres manos apretaron la mía
y bocas invisibles me dijeron amigo,
cuando allá donde estamos nos dan tregua,
nos hacen bien tus cuentos de cronopios,
nomás queríamos decírtelo, hasta pronto—

8)

Esto va derivando hacia otra cosa,
es tiempo de ajustarse el cinturón:
zona de turbulencia.

Nairobi, 1976

A ver ustedes, con la mano en el corazón
díganme, digan si no es hora que
nos juguemos la piel a cara o ceca
para que el pueblo saque la sortija,
antes que suenen las sirenas y el
caballo ciego empiece de nuevo.

JULIO HUASI, *Increíble de la suerte*

NOCTURNO

Tengo esta noche las manos negras, el corazón sudado
como después de luchar hasta el olvido con los ciempiés del
   humo.
Todo ha quedado allá, las botellas, el barco,
no sé si me querían y si esperaban verme.
En el diario tirado sobre la cama dice encuentros
   diplomáticos,
una sangría exploratoria, lo batió alegremente en cuatro sets.
Un bosque altísimo rodea esta casa en el centro de la ciudad,
yo sé, siento que un ciego está muriéndose en las cercanías.
Mi mujer sube y baja una pequeña escalera
como un capitán de navío que desconfía de las estrellas.
Hay una taza de leche, papeles, las once de la noche.
Afuera parece como si multitudes de caballos se acercaran
a la ventana que tengo a mi espalda.

APPEL REJETE

Patio de la prisión de la Santé

No es la previsión del filo que me apartará de mí mismo,
ni la sospecha científicamente desmentida del después.
Lo que venga vendrá,
y no vendrá nada, y es mucho.

Pero que toda la raza esté durmiendo a esta hora,
que el patio al alba con paredes y paredes
no contenga más que a los infames testigos
que callarán el ruido dulce de mi sangre,
que no haya verdaderamente un hombre ni un árbol,
ni siquiera luz en la ventana
porque no habrá ventanas,
que esto vaya a ocurrir entre sombras furtivas y miradas al
    suelo
mientras mi raza duerme cerca de este pedazo de sí misma.

No, no es la previsión del boca abajo, el ínfimo terror
que me reventará los nervios como látigos
en esa eternidad en que el triángulo desciende,
ni la sospecha de que todo puede no acabar ahí,
ni el grito que por su sola cuenta me abrirá estúpidamente la
    boca.

Pienso en tambores enlutados,
en una procesión penitencial entre dos olas grises
de puños y de bocas vomitando mi nombre,

en ojos como lenguas, en uñas como perros,
la raza ahí, y el sol, infatigable espectador de espectadores,
y poder ser valiente para algunos, y creer
que ese balcón cerrado guarda una lástima y un rezo,
unido en la irrisión y la blasfemia,
sangre de sangres, víctima de víctimas,
despedazado por mí mismo en cien mil manos.

No este trance de sorda madrugada,
este cuello desnudo para nadie.

PARA LEER EN FORMA INTERROGATIVA

Has visto
verdaderamente has visto
la nieve los astros los pasos afelpados de la brisa
Has tocado
de verdad has tocado
el plato el pan la cara de esa mujer que tanto amás
Has vivido
como un golpe en la frente
el instante el jadeo la caída la fuga
Has sabido
con cada poro de la piel sabido
que tus ojos tus manos tu sexo tu blando corazón
había que tirarlos
había que llorarlos
había que inventarlos otra vez.

Un amigo me dice: "Todo plan de alternar poemas con prosas es suicida, porque los poemas exigen una actitud, una concentración, incluso un enajenamiento por completo diferentes de la sintonía mental frente a la prosa, y de ahí que tu lector va a estar obligado a cambiar de voltaje a cada página y así es como se queman las bombitas".

Puede ser, pero sigo tercamente convencido de que poesía y prosa se potencian recíprocamente y que lecturas alternadas no las agreden ni derogan. En el punto de vista de mi amigo sospecho una vez más esa *seriedad* que pretende situar la poesía en un pedestal privilegiado, y por culpa de la cual la mayoría de los lectores contemporáneos se alejan más y más de la poesía en verso, sin rechazar en cambio la que les llega en novelas y cuentos y canciones y películas y teatro, cosa que permite insinuar, *a)* que la poesía no ha perdido nada de su vigencia profunda pero que *b)* la aristocracia formal de la poesía en verso (y sobre todo la manera con que poetas y editores la embalan y presentan) provoca resistencia y hasta rechazo por parte de muchos lectores tan sensibles a la poesía como cualquier otro.

De todas maneras lo único que realmente cuenta hoy en América Latina es nadar contra la corriente de los conformismos, las ideas recibidas y los sacrosantos respetos, que aun en sus formas más altas le hacen el juego al Gran Sistema. Armar este libro, como ya algunos otros, sigue siendo para mí esa operación aleatoria que me mueve la mano como la vara de avellano la del rabdomante; las manos, mejor, porque escribo a máquina como él sostiene su varilla, y así me ocurre esta misma tarde vacilar entre fajos de viejos papeles, dejándolos de lado sin la menor razón atendible para traerme en cambio una libretita de tapas verdes donde allá por los años sesenta escribí poemas mientras cambiaba de avión en Amsterdam. De tan puro desorden va naciendo un orden; nacidos en tiempos y climas diferentes, hay pameos que buscan pameos a la vez que rechazan meopas, hay prosemas que sólo aceptan por compañía otros prosemas hasta ahora separados por años, olvidos y bloques de papel tan diferentes. El juego avanza así, con bruscas rebeldías y ganas de mandar todo a ese canasto donde ya se acumulan tantos desencantos, y de cuando en cuando una ráfaga de alegría cuando por ahí un poema se deja acariciar por la nueva lectura como un gato cargado de electricidad.

Y aunque Calac y Polanco me digan lo contrario cada vez que pueden, nada de eso si estuviera atado por la seriedad bibliográfica, aquí la poesía y la prosa. Me apenaría que a pesar de todas las libertades que me tomo, esto tomara un aire de antología. Nunca quise mariposas clavadas en un cartón; busco una ecología poética, atisbarme y a veces reconocerme desde mundos diferentes, desde cosas que sólo los poemas no habían olvidado y me guardaban como viejas fotografías fieles. No aceptar otro orden que el de las afinidades, otra cronología que la del corazón, otro horario que el de los encuentros a deshora, los verdaderos.

Con tangos

...pesadumbre de barrios que han cambiado-

HOMERO MANZI, *Sur*

Poemas de bolsillo, de rato libre en el café, de avión en plena noche, de hoteles incontables.

(¿En cuántos habré parado, en cuántas estaciones y aeropuertos me esperó ese miedo que siempre me dieron los lugares de pasaje?).

Recelo de lo autobiográfico, de lo antológico: dos de las cabezas del perro infernal ladrando a orillas de esta máquina que va poniendo en limpio tanta cosa suelta.

(Pero tres cabezas tiene Cerbero, y la tercera que gruñe entre espumas de odio es la timidez, esa abyecta criatura que no existe por sí misma, que exige ser inventada por los otros).

Me arrimo despacio a este jodido libro, intento un orden, secuencias, barajo y desbarajo, carajo. Empiezo a divertirme, por lo menos no parece haber riesgo de solemnidad en todo esto.

(Oigo ladrar al Can, su triple amenaza agazapada.
Le tiro bizcochos, estos tangos).

LAS TEJEDORAS

Las conozco, las horribles, las tejedoras envueltas en pelusas,
en colores que crecen de las manos del hilo
al cuajo tembloroso moviéndose en la red de dedos ávidos.
Hijas de la siesta, pálidas babosas escondidas del sol,
en cada patio con tinajas crece su veneno y su paciencia,
en las terrazas al anochecer, en las veredas de los barrios,
en el espacio sucio de bocinas y lamentos de la radio,
en cada hueco donde el tiempo sea un pulóver.
Teje, mujer verde, mujer húmeda, teje, teje,
amontona materias putrescibles sobre tu falda de donde
    brotaron tus hijos,
esa lenta manera de vida, ese aceite de oficinas y
    universidades,
esa pasión de domingo a la tarde en las tribunas.
Sé que tejen de noche, a horas secretas, se levantan del sueño
y tejen en silencio, en la tiniebla; he parado en hoteles
donde cada pieza a oscuras era una tejedora, una manga
gris o blanca saliendo debajo de la puerta; y tejen en los
    bancos,
detrás de los cristales empañados, en las letrinas tejen, y
en los fríos lechos matrimoniales tejen de espaldas al
    ronquido.
Tejen olvido, estupidez y lágrimas,
tejen, de día y noche tejen la ropa interna, tejen la bolsa
    donde se ahoga el corazón,
tejen campanas rojas y mitones violeta para envolvernos las
    rodillas,
y nuestra voz es el ovillo para tu tejido, araña amor, y este
    cansancio

nos cubre, arropa el alma con punto cruz punto cadena
    Santa Clara,
la muerte es un tejido sin color y nos lo estás tejiendo.
¡Ahí vienen, vienen! Monstruos de nombre blando,
    tejedoras,
hacendosas mujeres de los hogares nacionales, oficinistas,
    rubias.
mantenidas, pálidas novicias. Los marineros tejen,
las enfermas envueltas en biombos tejen para el insomnio,
del rascacielo bajan flecos enormes de tejidos, la ciudad
está envuelta en lanas como vómitos verdes y violeta.
Ya están aquí, ya se levantan sin hablar,
solamente las manos donde agujas brillantes van y vienen,
y tienen manos en la cara, en cada seno tienen manos, son
ciempiés son cienmanos tejiendo en un silencio insoportable
de tangos y discursos.

MALEVAJE 76

Como un cáncer que avanza
abriéndose camino entre las flores
de la sangre, seccionando los nervios del deseo,
la azul relojería de las venas,

granizo de sutil malentendido,
avalancha de llantos a destiempo.

Para qué desandar la inútil ruta
que nos llevó a esta ciega
contemplación de un escenario hueco:

No me has dejao
ni el pucho en la oreja,
ya solamente sirvo
para escuchar a Carole Baker
entre dos tragos de ginebra,

y ver caer el tiempo
como una lluvia de polillas
sobre estos pantalones desplanchados.

Nairobi, 1976

No sé en qué medida las letras del jazz influyen en los poetas norteamericanos, pero sí que a nosotros los tangos nos vuelven en una recurrencia sardónica cada vez que escribimos tristeza, que estamos llovizna, que se nos atasca la bombilla en la mitad del mate.

RECHIFLAO EN MI TRISTEZA

Te evoco y veo que has sido
en mi pobre vida paria
una buena biblioteca.

Te quedaste allá,
en Villa del Parque,
con Thomas Mann y Roberto Arlt y Dickson Carr,
con casi todas las novelas de Colette,
Rosamond Lehmann, Charles Morgan, Nigel Balchin,
Elías Castelnuovo y la edición
tan perfumada del pequeño
amarillo Larousse Ilustrado,
donde por suerte todavía
no había entrado mi nombre.

También se me quedó un tintero
con un busto de Cómodo,
emperador romano
cuya influencia en las letras
nunca me pareció excesiva.

Nairobi, 1976

—Vos —me dice Calac que anda rondando como siempre cuando huele a cinta de máquina— se diría que te pasaste la vida en Nairobi. —Pensar que le pagaban un sueldo increíble como revisor de la Unesco —dice Polanco que ya se apoderó de mis cigarrillos—, y que el tipo no hizo más que rascar la lira durante dos meses. Tienen razón, pero el azar también: entre todos estos papeles sueltos, los poemas de Nairobi buscan entrar primero y no veo por qué negarme. En el de arriba me gusta cómo rehusé hundirme en la nostalgia de la tierra lejana; el recuerdo de mi tintero ayudó irónicamente, porque la verdad es que nunca comprendí qué hacía la imagen en bronce de Cómodo en un instrumento de trabajo nada afín a sus gustos.

Ahora que lo pienso, cuando tenía veinte años la evocación de un emperador romano me hubiera exigido un soneto-medallón o una elegía-estela: poesía de lujo como se practicaba en la Argentina de ese tiempo. Hoy (podría dar los nombres de quienes opinan que es una regresión lamentable), el ronroneo de un tango en la memoria me trae más imágenes que toda la historia de Gibbons.

LA MUFA

Vos ves la Cruz del Sur,
respirás el verano con su olor a duraznos,
y caminás de noche
mi pequeño fantasma silencioso
por ese Buenos Aires,

por ese siempre mismo Buenos Aires.

VEREDAS DE BUENOS AIRES

De este
texto na-
ció un
tango
con mú-
sica de
Edgardo
Cantón.

De pibes la llamamos la vedera
y a ella le gustó que la quisiéramos.
En su lomo sufrido dibujamos
tantas rayuelas.

Después, ya más compadres, taconeando,
dimos vueltas manzana con la barra,
silbando fuerte para que la rubia
del almacén saliera a la ventana.

A mí me tocó un día irme muy lejos
pero no me olvidé de las vederas.
Aquí o allá las siento en los tamangos
cómo la fiel caricia de mi tierra.

QUIZA LA MAS QUERIDA

Me diste la intemperie,
la leve sombra de tu mano
pasando por mi cara.
Me diste el frío, la distancia,
el amargo café de medianoche
entre mesas vacías.

Siempre empezó a llover
en la mitad de la película,
la flor que te llevé tenía
una araña esperando entre los pétalos.

Creo que lo sabías
y que favoreciste la desgracia.
Siempre olvidé el paraguas
antes de ir a buscarte,
el restaurante estaba lleno
y voceaban la guerra en las esquinas.

Fue una letra de tango
para tu indiferente melodía.

Un poco eso, claro; los tangos como recuento de amores humillados y recapitulaciones de la desgracia, pueblo de larvas en la memoria mostrando en el perfil de las melodías y en las casi siempre sórdidas crónicas de las letras las monedas usadas y repetidas, la obstinada numismática del recuerdo.

Y nunca viniendo solos, magdalenas de Gardel o de Laurenz tirando a la cara los olores y las luces del barrio (el mío, Bánfield, con calles de tierra en mi infancia, con paredones que de noche escondían los motivos posibles del miedo). Nunca viniendo solos, y en estos últimos años tan pegados a nuestro exilio, que no es el del *Lejano Buenos Aires* de una clásica bohemia porteña sino el destierro en masa, tifón del odio y el miedo. Escuchar hoy aquí los viejos tangos ya no es una ceremonia de la nostalgia; este tiempo, esta historia los han cargado de horror y de llanto, los han vuelto máquinas mnemónicas, emblemas de todo lo que se venía preparando desde tan atrás y tan adentro en la Argentina. Y entonces, claro,

MILONGA

El Tata Ce-
drón cantó es-
ta milonga con
música de
Edgardo
Cantón.

Extraño la Cruz del Sur
cuando la sed me hace alzar la cabeza
para beber tu vino negro medianoche.
Y extraño las esquinas con almacenes dormilones
donde el perfume de la yerba tiembla en la piel
      del aire.

Comprender que eso está siempre allá
como un bolsillo donde a cada rato
la mano busca una moneda el cortapluma el peine
la mano infatigable de una oscura memoria
que recuenta sus muertos.

La Cruz del Sur el mate amargo.
Y las voces de amigos
usándose con otros.

Cuando escribí este poema todavía me quedaban
amigos en mi tierra; después los mataron o se perdieron en un silencio burocrático o jubilatorio, se fueron
silenciosos a vivir al Canadá o a Suecia o están desa-

parecidos y sus nombres son apenas nombres en la interminable lista. Los dos últimos versos del poema están limados por el presente: ya ni siquiera puedo imaginar las voces de esos amigos hablando con otras gentes. Ojalá fuera así. ¿Pero de qué estarán hablando, si hablan?

POR TARJETA

Parece que ha dejado de ir al almacén los sábados,
no se lo ve en la esquina de Otamendi,
empiezan a extrañarlo en casa de las chicas de arriba.
Ayer a la hora del almuerzo no se lo oyó silbar
y cosa rara no protestó porque los tallarines estaban
   demasiado cocidos.

Quizá al final el canillita se dé cuenta
de que el señor de saco piyama no le compra más *Clarín*,
y en impuesto a los réditos alguien acabe por llenar una
   boleta rosa
(primer aviso) que un cartero entregará a un chico
que le dará a su madre que mirará y no dirá nada.

**Esto fue escrito hace por lo
menos veinte años. Una vez
más la naturaleza habrá imi-
tado al arte.**

**Al final de esta guitarreada no seamos malos
con Cómodo, el de mi tintero. No hace mucho
descubrí un viejísimo poema que incluso lle-**

gó a publicarse en una revista universitaria de esas que apenas alcanzan a durar el número cero; si no estoy mezclando recuerdos, un Murena joven y entusiasta vino a pedirme colaboración a la Cámara Argentina del Libro donde yo trabajaba allá por el cuarenta y siete, y se lo di fresquito y lujoso; hoy lo leo preguntándome si algo en mí no veía ya lo que nos esperaba en nuestra famosa tierra de paz y prosperidad. También Cómodo desde un palacio pudo mirar las plazas donde los dioses despojados de toda potestad se mezclaban con vagabundos y borrachos en un mismo clamor por *panem et circenses*.

LOS DIOSES

Los dioses van por entre cosas pisoteadas, sosteniendo
los bordes de sus mantos con el gesto del asco.
Entre podridos gatos, entre larvas abiertas y cordeones,
sintiendo en las sandalias la humedad de los trapos corrom-
     pidos,
los vómitos del tiempo.

En su desnudo cielo ya no moran, lanzados
fuera de sí por un dolor, un sueño turbio,
andan heridos de pesadilla y légamos, parándose
a recontar sus muertos, las nubes boca abajo,
los perros con la lengua rota,
a atisbar envidiosos el abismo
donde ratas erectas se disputan chillando
pedazos de banderas.

Un tango más, inmusicable:

AIRE DEL SUR

Aire del sur, flagelación llevando arena
con pedazos de pájaros y hormigas,
diente del huracán tendido en la planicie
donde hombres cara abajo sienten pasar la muerte.

Máquina de la pampa, qué engranaje de cardos
contra la piel del párpado, oh garfios de ajos ebrios,
de ásperas achicorias trituradas.
La bandada furtiva sesga el viento
y el perfil del molino
abre entre dos olvidos de horizonte
una risa de ahorcado. Trepa el álamo
su columna dorada, pero el sauce
sabe más del país, sus cinerarios verdes
retornan silenciosos a besar las orillas de la sombra.

Aquí el hombre agachado sobre el hueco del día
bebe su mate de profundas sierpes y atribuye
los presagios del día a la escondida suerte.
Su parda residencia está en el látigo
que abre al potro los charcos de la baba y la cólera;
va retando los signos con un pronto facón
y sabe de la estrella por la luz en el pozo.

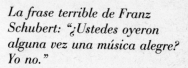

La frase terrible de Franz Schubert: "¿Ustedes oyeron alguna vez una música alegre? Yo no."

Ars amandi

Vení a dormir conmigo:
no haremos el amor, él nos hará.

AFTER SUCH PLEASURES

Esta noche, buscando tu boca en
    otra boca,
casi creyéndolo, porque así de
    ciego es este río
que me tira en mujer y me
    sumerge entre sus párpados,
qué tristeza nadar al fin hacia la
    orilla del sopor
sabiendo que el placer es ese
    esclavo innoble
que acepta las monedas falsas,
    las circula sonriendo.
Olvidada pureza, cómo quisiera
    rescatar
ese dolor de Buenos Aires, esa
    espera sin pausas ni esperanza.
Solo en mi casa abierta sobre el
    puerto
otra vez empezar a quererte,
otra vez encontrarte en el café de
    la mañana
sin que tanta cosa irrenunciable
hubiera sucedido.
Y no tener que acordarme de este
    olvido que sube
para nada, para borrar del
    pizarrón tus muñequitos
y no dejarme más que una
    ventana sin estrellas.

HAPPY NEW YEAR

Mira, no pido mucho,
solamente tu mano, tenerla
como un sapito que duerme así contento.
Necesito esa puerta que me dabas
para entrar a tu mundo, ese trocito
de azúcar verde, de redondo alegre.
¿No me prestas tu mano en esta noche
de fin de año de lechuzas roncas?
No puedes, por razones técnicas. Entonces
la tramo en aire, urdiendo cada dedo,
el durazno sedoso de la palma
y el dorso, ese país de azules árboles.
Así la tomo y la sostengo, como
si de ello dependiera
muchísimo del mundo,
la sucesión de las cuatro estaciones,
el canto de los gallos, el amor de los hombres.

31/12/1951.

EL BREVE AMOR

Con qué tersa dulzura
me levanta del lecho en que soñaba
profundas plantaciones perfumadas,

me pasea los dedos por la piel y me dibuja
en el espacio, en vilo, hasta que el beso
se posa curvo y recurrente

para que a fuego lento empiece
la danza cadenciosa de la hoguera
tejiéndonos en ráfagas, en hélices,
ir y venir de un huracán de humo—

(¿Por qué, después,
lo que queda de mí
es sólo un anegarse entre cenizas
sin un adiós, sin nada más que el gesto
de liberar las manos?).

Oh, I wish I had a river
I could skate away on—

Canción de JONI MITCHELL

CINCO POEMAS PARA CRIS

—and I am melancholy because
I have not made more and
better verses.

W. B. YEATS, *Autobiography*

1.

Ya mucho más allá del *mezzo*
camin di nostra vita
existe un territorio del amor
un laberinto más mental que mítico
donde es posible ser
lentamente dichoso
sin el hilo de Ariadna delirante
sin espumas ni sábanas ni muslos.

Todo se cumple en un reflejo de crepúsculo
tu pelo tu perfume tu saliva.
Y allí del otro lado te poseo
mientras tú juegas con tu amiga
los juegos de la noche.

2.

En realidad poco me importa
que tus senos se duerman
en la azul simetría de otros senos.
Yo los hubiera hollado
con la cosquilla de mi roce
y te hubieras reído justamente
cuando lo necesario y esperable
era que sollozaras.

3.

Sé muy bien lo que ganas
cuando te pierdes en el goce.
Porque es exactamente
lo que yo habría sentido.

4.

. . . .
La justa habernos encontrado al fin del día
errata en un paseo púbico.
. . . .

5.

(Me gustaría que creyeras
que esto es el irrisorio juego
de las compensaciones
con que consuelo esta distancia.
Sigue entonces danzando
en el espejo de otro cuerpo
después de haber sonreído
apenas
para mí).

OTROS CINCO POEMAS PARA CRIS

1.

Todo lo que precede es como los primeros
    momentos de un
encuentro después de mucho tiempo: sonrisas,
    preguntas,
lentos reajustes. Es raro, me pareces menos
    morena que
antes. ¿Se mejoró por fin tu tía abuela? No, no
    me gusta
la cerveza. Es verdad, me había olvidado.
Y por debajo, montacargas de sombra, asciende
    despacio otro
presente. En tu pelo empiezan a temblar las
    abejas, tu mano
roza la mía y pone en ella un dulce algodón
    de humo. Hueles
de nuevo a sur.

2.

Tienes a ratos
la cara del exilio
ése que busca voz en tus poemas.

Mi exilio es menos duro,
le sobran las defensas,
pero cuando te llevo de la mano

por una callecita de París
quisiera tanto que el paseo se acabara
en una esquina de Montevideo
o en mi calle Corrientes

sin que nadie viniera
a pedir documentos.

3.

A veces creo que podríamos
conciliar los contrarios
hallar la centritud inmóvil de la rueda
salir de lo binario
ser el vertiginoso espejo que concentra
en un vértice último
esta ceremoniosa danza que dedico
a tu presente ausencia.

Recuerdo a Saint-Exupéry: "El amor
no es mirar lo que se ama
sino mirar los dos en una misma dirección—"

Pero él no sospechó que tantas veces
los dos miramos fascinados a una misma mujer
y que la espléndida, feliz definición
se viene al suelo como un gris pelele.

4.

Creo que no te quiero,
que solamente quiero la imposibilidad
tan obvia de quererte
como la mano izquierda
enamorada de ese guante
que vive en la derecha.

5.

Ratoncito, pelusa, medialuna,
calidoscopio, barco en la botella,
musgo, campana, diáspora,
palingenesia, helecho,

eso y el dulce de zapallo,
el bandoneón de Troilo y dos o tres
zonas de piel en donde
hace nido el alción,

son las palabras que contienen
tu cruel definición inalcanzable,
son las cosas que guardan las sustancias
de que estás hecha para que alguien
beba y posea y arda convencida
de conocerte entera,
de que sólo eres Cris.

CINCO ULTIMOS POEMAS PARA CRIS

1.

Ahora escribo pájaros.
No los veo venir, no los elijo,
de golpe están ahí, son esto,
una bandada de palabras
posándose
                una
                        a
                                una
en los alambres de la página,
chirriando, picoteando, lluvia de alas
y yo sin pan que darles, solamente
dejándolos venir. Tal vez
sea eso un árbol

o tal vez
el amor.

2.

Anoche te soñé
sacerdotisa de Sekhmet, la diosa leontocéfala.
Ella desnuda en pórfido,
tú tersa piel desnuda.
¿Qué ofrenda le tendías a la deidad salvaje

que miraba a través de tu mirada
un horizonte eterno e implacable?
La taza de tus manos contenía
la libación secreta, lágrimas
o tu sangre menstrual, o tu saliva.
En todo caso no era semen
y mi sueño sabía
que la ofrenda sería rechazada
con un lento rugido desdeñoso
tal como desde siempre
lo habías esperado.

Después, quizá, ya no lo sé,
las garras en tus senos,
colmándote.

3.

Nunca sabré por qué tu lengua entró en mi boca
cuando nos despedimos en tu hotel
después de un amistoso recorrer la ciudad
y un ajuste preciso de distancias.

Creí por un momento que me dabas
una cita futura,
que abrías una tierra de nadie, un interregno
donde alcanzar tu minucioso musgo.
Circundada de amigas me besaste,
yo la excepción, el monstruo,
y tú la transgresora murmurante.

Vaya a saber a quién besabas,
de quién te despedías.
Fui el vicario feliz de un solo instante,
el que a veces encuentra en su saliva
un breve gusto a madreselva
bajo cielos australes.

4.

Quisiera ser Tiresias esta noche
y en una lenta espera boca abajo
recibirte y gemir bajo tus látigos
y tus tibias medusas.

Sabiendo que es la hora
de la metamorfosis recurrente,
y que al bajar al vórtice de espumas
te abrirías llorando,
dulcemente empalada.

Para volver después
a tu imperioso reino de falanges,
al cerco de tu piel, tus pulpos húmedos,
hasta arrastrarnos juntos y alcanzar abrazados
las arenas del sueño.

Pero no soy Tiresias,
tan sólo el unicornio
que busca el agua de tus manos
y encuentra entre los belfos
un puñado de sal.

5.

No te voy a cansar con más poemas.
Digamos que te dije
nubes, tijeras, barriletes, lápices,
y acaso alguna vez
te sonreíste.

COMPROBACIONES EN EL CAMINO

Lo elegíaco, inevitable, dominando como el azul en los vitrales góticos, no sólo por estar aquí sino también en el lector que no-por-nada-es-lector-de-poesía. *Elementary, my dear Watson.*

Detrás de toda tristeza y toda nostalgia, quisiera que ese mismo lector sintiera el estallido de la vida y la gratitud de alguien que tanto la amó, eso que cantaba Satchmo·llenando una melodía banal de algo que solamente puedo llamar comunión:

> *I'm thankful*
> *for happy hours,*
> *I'm thankful*
> *For all the flowers-*

Sentimiento de participación sin el cual jamás hubiera escrito nada (hay quienes sólo escriben para *separarse*), participación que a su vez participa de la tontería y la ingenuidad con muy alta frecuencia, loadas sean las tres. Y esa franciscana entrega al cotidiano descubrimiento de lo mismo, que por eso es siempre nuevo, y ese entusiasmo que solamente Onitsura fue capaz de resumir en un haikú que tan estúpido parecerá a los estúpidos:

¡Flores de cerezo, más
y más hoy! ¡Las aves tienen dos patas!
¡Oh, y los caballos cuatro!

Onitsura, 1660-1738.
Traduzco de la versión
inglesa de Harold G.
Henderson.

Son ciertas las memorias
y la soledad
La vida es cierta
y el olor a lluvia
Todos estos días son ciertos
Es cierto el pez (como no lo dije antes)
y el deseo de cambiar las cosas
Entrar en los cafés es cierto
y salir al mundo
Agarrarse de él un solo instante.

MIGUEL BARNET, *Todos estos días*

IN ITALICO MODO

A la hora de hablar de sonrisas, aparecen unos meopas que nunca tuvieron otra intención, empezando porque sus tres destinatarias son inexistentes, así como el idioma en que fueron celebradas. Aprendí un poco de italiano en los años cincuenta, y con nuestra tendencia argentina a parodiar una lengua que practicamos sobre todo en su versión degradada, el *cocoliche,* nunca me costó inventar largos discursos perfectamente aberrantes para regocijo casi exclusivamente mío.

Hay también el recuerdo clásico del italiano macarrónico que Francesco Colonna llevó a su ápice en la ya no famosa *Hypnerotomachia Poliphili;* me acuerdo de la sorpresa de Italo Calvino una noche en que le mencioné el poema, porque incluso en su país hay pocos que lo recuerden. Fruto de un Renacimiento cuyos escritores, salvo excepciones, duermen en camas de polvo, léase bibliotecas, a Calvino le asombró que un sudamericano pudiera saber algo sobre el poema de Colonna. Le expliqué que se lo debía a John Addington Symonds, cuya fantasiosa historia del renacimiento italiano fue una memorable lectura de mi juventud estudiosa y erudizante. Desde luego Symonds sólo transcribe fragmentos de la *Hypnerotomachia,* pero me bastaron para ver cómo el latín y el italiano eran sometidos a una distorsión que debió enfermar de risa las tertulias de cardenales y letrados de la época.

Lo mío no tiene nada que ver con el macarrónico y menos con el cocoliche; consiste simplemente en sonetos que cuidan el ritmo y la rima para hacer caer al

lector en el garlito de la cadencia, y que acumulan fra-
ses sin sentido donde se mezclan voces italianas con
otras inventadas a vuelapluma, lo mismo que las tres
protagonistas y los sentimientos allí volcados. En resumen, lo único verdadero es el soneto como forma, y el
resto puro camelo, por lo cual me pareció útil poner
acentos a la española para facilitar una lectura en voz
alta, que aconsejo tan falsa como el resto, es decir apa-
sionada y vehemente.

TRE DONNE

Et coruscante gia
sopra le cerulee e inquiete undule,
le sue irradiante come crispulavano

FRANCESCO COLONNA,
poema citado

Simonetta

Simonetta, la fosca malintesa
chiude le rame inaltri fino al nardo.
Magari i tuoi allunghi di leopardo
móntano al valle, dove sta la chiesa.

O forse no, forse stai muta e resa
da fronte al mare, piggiotando il dardo!
Mi lascerai almeno éssere un tardo
seguitore, lo schiavo che ti stresa?

Ieri venívano i dolente sprozze
sospirando col giglio e col fenoglio
in mezzo al trimalciónico festaccio;

ma questa sera, Simonetta, nozze
di ombra amaranto e razzi del orgoglio
giúngono furia nel luttuoso bacio.

Carla

Vae victis, Carla, se le strombe urlante
ti immérgono fra i túrpidi stormenti!
Lo so: supplicherai che ti ramenti
la guancia rotta e le pestiglie umante.

Vai, e lascia che il labbro dell'amante
guarisca i seni tanto blu e mordenti,
mentre le alani dell'estate ai venti
frózzano la svergura palpitante.

Poi sará il calmo, la deserta notte
dove sul ventre cádono le mele
liete di brisa soave e di funghine,

e tu, supino uccello delle grotte,
verrai alzarsi l'occhio delle mielle
e tutto sará d'ombra e di caline.

Eleonora

Eleonora, la sfuma sopra il letto
sorge come il sorriso fra le schiume
quando la singhia inopia del tuo fiume
diventa mora, scende, o poi va stretto.

¿Perché la notte invade tanto il petto
dove colombe rosse vanno al lume
mente il tuo seno trema, oh Ulalume
un'altra volta sú dal fazzoletto?

La follía, le gombre, le mancanze
giócano sulle spiagge del ricordo
quando ti dai al vento e all'amore,

Eleonora, falcone di mudanza,
mannechino del tempo dove mordo
singhiozzando, giá vinto e vincitore.

"Accidente!" decía Calvino escuchándome leerlos. Me pareció una opinión tan generosa como estimulante, pero también creí oportuno colgar el arpa itálica y allí sigue, del salón en un ángulo oscuro.

El agua entre los dedos

Still scooping up the water
  with my fingers
In which a trembling diamond
  never lingers.

JOHN KEATS, *To Charles Cowden Clarke*

Calac sigue rondando mi mesa y da la impresión de divertirse bastante. Jamás aprobará lo que hago, precisamente porque es mi mejor *alter ego,* pero su relativo silencio es una suerte de aceptación de todo esto que inquieta a mi yo más metódico, por ejemplo que en vez de sistematizar desenrollo simplemente el piolín de esta madeja de papeles acumulados a lo largo de cuatro décadas cuatro. Sigo sacando hojitas de cuadernos y carpetas, tiro las que ya no me dicen nada, juego con un azar en que tiempos y ánimos saltan como las piezas de un puzzle revuelto. Calac parece comprender que una clasificación previa por temas o periodo no parece la buena regla del juego, y que gracias a eso la baraja me va poniendo inesperadas secuencias en la mano. Nos estamos divirtiendo de veras, Calac y yo, mientras Polanco rabia en su rincón y murmura cosas como técnicas estocásticas inadmisibles, o procesos aleatorios dignos de una mosca dibujando su propio vuelo para nadie o de una cucaracha jugando contra Bobby Fischer en un embaldosado.

Imagino que hacia el final aparecerán pameos y prosemas que hubieran debido estar en lo ya ensamblado, pero si este libro no es plástico, no es nada. Por ahora lo que más nos gusta a Calac y a mí es que las cosas salten como ranitas cadenciosas desde sus pozos de papel a la máquina de escribir que las pone en fila, y en eso los meopas se parecen muchísimo a mi gata Flanelle (*honi soit qui mal y pense* en la Argentina: Flanelle se llama así por su pelaje y no por su líbido), que también brinca cada tanto a mi mesa para explorar lápices, pipas y manuscritos. Todo aquí es tan libre, tan posible, tan gato.

DISTRIBUCION DEL TIEMPO

Cada vez somos más los que creemos menos
en tantas cosas que llenaron nuestras vidas,
los más altos, indiscutibles valores vía Platón o Goethe,
el verbo, su paloma sobre el arca de la historia,
la pervivencia de la obra, la filiación y la heredad.

No por eso caemos con el celo del neófito
en esa ciencia que ya pone sus robots en la luna;
en verdad, en verdad, nos es bastante indiferente,
y si el doctor Barnard transplanta un corazón
preferiríamos mil veces que la felicidad de cada cual
fuese el exacto, necesario reflejo de la vida
hasta que el corazón insustituible dijera dulcemente basta.

Cada vez somos más los que creemos menos
en la utilización del humanismo
para el nirvana estereofónico
de mandarines y de estetas.

Sin que eso signifique
que cuando hay un momento de respiro
no leamos a Rilke, a Verlaine o a Platón,
o escuchemos los claros clarines,
o miremos los trémulos ángeles
del Angélico.

Así es y sigue siendo, por suerte; en estos días alterno la lectura y difusión de documentos de la CADHU sobre los campos de terror en la Argentina con los últimos cuentos de Izak Dienesen y una admirable revista californiana de poesía, *Invisible City*. Esta última me hace pensar, un poco sorprendido, que en los poemas que voy sumando aquí hay pocas presencias anglosajonas, siempre tan advertibles en mis cuentos y novelas. Pensar que Keats, que los isabelinos, que T. S. Eliot... Y justamente entonces asoma un meopa de nostalgia amorosa que resbalando por praderas inglesas va a parar a campos de algodón sureños, al recuerdo de Lionel Hampton tocando *Save it, pretty mama* como nadie lo tocó salvo Louis Armstrong. Los tres hablamos a nuestra manera de una mujer querida, salvo que ellos lo hacen para llamarla y yo porque ya se ha ido.

SAVE IT, PRETTY MAMA

Sálvalo, mamita,
sálvame tantas noches de naufragio,
salva tu blusa azul (era en enero, en Roma)
sálvalo todo, o salva lo que puedas.

Esto se viene abajo, pretty mama,
sálvalo del olvido, no permitas
que se llueva la casa, que se borre
la trattoría de Giovanni,
corre por mí por ti, sálvalo ahora,
te estás yendo y los pájaros se mueren,
me voy de ti te vas de mí, no hay tiempo,
sálvalo pretty mama,
la voz de Satchmo y ese grito

que te sumía en lo más hondo del amor,
save it all for me,
save it all for you
save it all for us,

aunque no salves nada, sálvalo mamita.

Por supuesto la traducción de *to save* no es correcta, aunque perfectamente justa como suele y debe suceder en las buenas traducciones.

–Ese también es de Nairobi –dice Polanco con un rictus cadavérico.

–Sí, pero ahora te puedo llevar mucho más atrás, a Mendoza en los años cuarenta, y ya que encontramos poemas bilingües, éste viene de los viejos discos de Damia, que yo escuchaba en casa de un amigo capaz de mezclar Wagner con las canciones francesas de ese tiempo sin sentirse culpable como otros amigos más puritanos. Mirá lo que son las cosas, ahora Edgardo Cantón le puso música a esas palabras y el Tata Cedrón las cantó bien bonito en un disco de tangos que hicimos hace dos años. Las vueltas de la vida: yo escucho una *java* parisiense en un rincón argentino, y cuarenta años después un argentino devuelve su eco en pleno París. A veces no todo se pierde como en el poema anterior, ya ves.

JAVA

C'est la java de celui qui s'en va—

Nos quedaremos solos y será ya de noche.
Nos quedaremos solos mi almohada y mi silencio
y estará la ventana mirando inútilmente
los barcos y los puentes que enhebran sus agujas.

Yo diré: Ya es muy tarde.
No me contestarán ni mis guantes ni el peine,
solamente tu olor, tu perfume olvidado
como una carta puesta boca abajo en la mesa.

Morderé una manzana fumaré un cigarrillo
viendo bajar los cuernos de la noche medusa
su vasto caracol forrado en terciopelo

Y diré: Ya es de noche
y estaremos de acuerdo, oh muebles oh ceniza
con el organillero que remonta en la esquina
los tristes esqueletos de un pez y una amapola.

C'est la java
            de celui
                    qui s'en va—
Es justo, corazón, la canta el que se queda,
la canta el que se queda para cuidar la casa.

—Se le nota el tiempo —dice Polanco.

—Oh sí —digo yo que de golpe me siento capaz de volver a escribir "oh" sin sentirme idiota.

Polanco hizo mosca. Un buen crítico no necesita de fechas precisas para establecer una cronología literaria, el tiempo está inscrito en lo escrito, en las adherencias del momento, las modas estéticas, lo *in* y lo *camp*. Por ejemplo los puntos suspensivos, que en mi juventud utilicé como cualquiera pero que un día empezaron a parecerme horrendos al punto que sólo en casos inevitables los incluyo. Soy capaz de fechar viejos textos sin fecha, el vocabulario es mi carbono 14, no así los temas y los *moods* porque nada ha cambiado en este terreno donde sigo siendo el mismo, quiero decir romántico / sensiblero / cursi (todo esto sin exagerar, che). Los grados de la abstracción fijan inequívocamente mis revueltos pameos: cuanta más distancia hay entre la sustancia verbal del poema y la sustancia de la vida, más tiempo ha pasado. No es que ahora busque especialmente lo concreto, digamos como los poetas de la escuela de Nueva York, pero creo que lo concreto me busca a mí, y que casi siempre me encuentra.

Un poco simbólicamente, después de la *pretty mama*, después de la sombra que me cantaba una *java*,

LA CAMARADA

Otro tango
de Cantón y
el Tata.

Claro que sos mi camarada
porque sos más, sos siempre más.
Hay la ruta en común, el horizonte
dibujado con lápiz de esperanza,
hay la amargura del fracaso
a la hora en que los hornos no se encienden
y hay que palear de nuevo el carbón del mañana.

Claro que sos mi camarada
porque sos la que dice no, te equivocaste,
o dice sí, está bien, vayamos.
Y porque en vos se siente que esa palabra es una
lenta, feliz, necesaria palabra:
hay cama en camarada,
y en camarada hay rada,
tu perfume en mis brazos,
tu barca anclada al lado de la mía.

Poema contemporáneo de

UNA CARTA DE AMOR

Todo lo que de vos quisiera
es tan poco en el fondo

porque en el fondo es todo

como un perro que pasa, una colina,
esas cosas de nada, cotidianas,
espiga y cabellera y dos terrones,
el olor de tu cuerpo,
lo que decís de cualquier cosa,
conmigo o contra mía,

todo eso que es tan poco
yo lo quiero de vos porque te quiero.

Que mires más allá de mí,
que me ames con violenta prescindencia
del mañana, que el grito
de tu entrega se estrelle
en la cara de un jefe de oficina,

y que el placer que juntos inventamos
sea otro signo de la libertad.

No me parece vano cerrar este políptico enamorado con un soneto petrarquista de los años cuarenta, tiempo en que la abstracción y la forma bastaban para la felicidad. Que sea un soneto es casi lo menos que puede pedírsele. Antes de copiarlo (el papel está amarillo y, justo signo que acato conmovido, una hormiguita de las que vagan por mi mesa se ha trepado a su frágil columna y la explora como si quisiera leerla, como si acaso la estuviera leyendo de verdad).

SONETO

Esto es amor, oh caracol que aloja
la analecta sonora del pasado
y astuto en su recinto ensimismado
reitera azul de mar y rosa roja.

El eco, ya una flor que se deshoja
en perfume y color multiplicado—
Esto es amor, de nuevo marchitado
con la reiteración de cada hoja.

Y nunca menos solo y más seguro
por oscuro, por solo y asumido,
—fidelidad del lirio a su color—

estatua leal, de espaldas al futuro
con un nombre infinito y repetido
de piedra y sueño y nada, esto es amor.

Si ya fui capaz de llegar hasta aquí a pesar de los triples ladridos de Cerbero, voy a seguir adelante aunque me pase lo que al pobre Mordred en el cuento de P.G. Wodehouse, y lo que le pasa al pobre Mordred será citado en su lengua original para ir acostumbrándose a frecuentes incursiones más allá de los Pirineos del idioma.

Mordred mastered his voice.
'I was smoking, and I suppose I threw ny cigarette
into the waste-paper basket, and as it was full of paper...'
'Full of paper? Why was it full of paper?'
'I had been writing a poem.'
There was a stir of bewilderment.
'A what?', said Ted Prosser.
'Writing a what?', said Jack Guffington.
*'Writing a **poem**?', asked Captain Biffing of Tommy*
*   Mainprice.*
'That's how I got the story', said Tommy Mainprice, plainly
*   shaken.*
'Chap was writing a poem', Freddie Boot informed Algy
*   Fripp.*
'You mean the chap writes poems?'
'That's right. Poems.
'Well, I'm dashed!'
'Well, I'm blowed!'

(The Fiery Wooing of Mordred)

No importa, Mordred. Si tus amigos reaccionan de manera tan convulsiva, se siente que lo mismo te quieren, como a mí también me quiere José Miguel Oviedo cuando afirma que mis poemas son "conmovedoramente malos". Y eso que sólo conoce los pocos que he publicado; imagínate ahora la cara que va a poner, Mordred. This time he'll be really dashed and blowed. Serves him right, Mordred.

Cuando llegué a la subdividida casa,
donde lo mismo podía encontrar el falso
reloj de Postdam los días de recibo
del ajedrecista Kempelen, o el perico
de porcelana de Sajonia, favorito de
    María Antonieta.
Estaba allí también, en su caja de peluche
negro y de algodón envuelto en tafetán blanco,
la pequeña diosa de jade, con un gran ramo
que pasaba de una mano a la otra más fría.

JOSE LEZAMA LIMA, *La prueba del jade*

Permutaciones

Que sin dejar de ser sincera... Claro que sí, como clara era Bettina. ¿Por qué en literatura –a semejanza servil de los criterios de la vida corriente– se tiende a creer que la sinceridad sólo se da en la descarga dramática o lírica, y que lo lúdico comporta casi siempre artificio o disimulo? Macedonio, Alfred Jarry, Raymond Roussel, Erik Satie, John Cage, ¿escribieron o compusieron con menos sinceridad que Roberto Arlt o Beethoven?

–Se cura en salud –dice Polanco–, porque ya he visto que barajaba los papelitos esos que se pueden leer de cualquier manera y siempre te sale algo.

–Algo qué –pregunta Calac que hoy está broncoso por algún percance hípico.

Acordándome de que en mis mocedades fui maestro de escuela, les explico:

–Trátase, oh amigos, de pameos que, en una presentación ideal, deberían fraccionarse en páginas sueltas; el lector podría así barajarlos para que el azar urdiera las muchas metamorfosis posibles de los textos. Como se sabe, el número de combinaciones es enorme, y por ejemplo el poema *720 círculos* que incluí con legítimo entusiasmo en *Ultimo round,* alude al número de permutaciones posibles con los seis cuartetos del meopa considerados como unidades. Ya recordé por ahí que Raymond Queneau propuso un libro de sonetos que ofrecía millones de combinaciones posibles, pero nosotros no vamos tan lejos.

—Los juegos electrónicos son más divertidos —dice Polanco. —Conozco uno en el bar Raimondi que te ofrece treinta y cuatro maneras de hacer saltar un acorazado, pero resulta que cada manera te obliga a elegir entre dos maneras de la manera, y cuando la elegiste te encontrarás con que el acorazado se desplazó varios grados de latitud norte, razón por la cual tenés que preferir digamos la manera dieciocho pero con el inconveniente de que haber elegido antes otra manera te priva del conocimiento de las cuatro diferentes maneras en que se puede manejar la manera dieciocho, y entonces... Seguí vos —le dice Polanco a Calac—, al final tiendo a confundirme un poco, pero acordate de que el otro día te gané de punta a punta.

—En fin —digo yo para traerlos de este lado de los acorazados—, lo que me queda por agregar es que estos meopas tienen algo de táctil, de tangible en el sentido de piezas de un mosaico que la mano y el ojo pueden recombinar interminablemente; los versos o las estrofas no son tan sólo bloques semánticos sino que constituyen piezas mentales, dados, peones, elementos que el jugador lanza sobre el tapete del azar.

—Vos fijate bien —le dice Polanco a Calac— en el orden que elige o acepta para pegar los papelitos antes de mandarlos a la imprenta,. Seguro que en medio minuto yo encuentro uno mejor.

—Sí, pero no estará impreso —dice Calac—, el tipo nos ventajea siempre en eso.

Los dejo que me miren con el aire consternado que siempre asumen en esas circunstancias, y entremezclo los papelitos en cuestión para ir armando la página a pura goma de pegar. De ninguna manera busco un orden que privilegie una lectura lineal, incluso lamento ciertas secuencias que hubieran podido ser más bellas, pero se trata precisamente de que el lector las encuentre si tiene ganas de jugar. El primer golpe de dados ha sido el mío y soy el lector inicial de una secuencia dentro de tantas otras posibles.

Liviana sensualidad de una combinatoria que mima los juegos del amor, a veces en el texto y siempre en las variaciones de los bloques semánticos, versos o estrofas. Todo lector que entra en el poema tal como lo verá aquí lo está poseyendo por primera vez; los nuevos juegos se cumplirán después en lo ya conocido, buscarán zonas y posiciones aún ignoradas, avanzarán en la infinita novedad erótica como los cuerpos y las inteligencias. Y al igual que en el amor, la fatiga llegará poco a poco para separar los ojos del poema así como separa los cuerpos de la pareja saciada. Si matemáticamente la posibilidad de diferentes lecturas es elevadísima, nadie las agotará porque sería monótono: la memoria se vuelve la antagonista de todo placer demasiado recurrente.

(Escribo sin conocer el desenlace
De lo que escribo
                 Busco entre líneas
Mi imagen en la lámpara
                         Encendida
En mitad de la noche)

Octavio Paz, *Vrindaban*

HELECHO

para que te remanses en tu noche
de ojos cerrados y de labios húmedos
tras esa extrema operación del musgo
en que mi cuerpo cede sus halcones

       bajo el misterio cenital que te abre
       los muslos de la voz con que murmuras
       las enumeraciones de esa espuma
       donde otra vez la antigua diosa nace

mientras la sed se exalta en la confluencia
de las dos vías blancas que se cruzan
—Diana de las encrucijadas últimas,
luna de sangre entre las perras negras—

       máquina de medusa y unicornio
       en que se enreda el tiempo hasta arrancarle
       la máscara sin ojos del instante
       cuando caemos desde lo más hondo

en un jadear, un sílex de gemido,
algo que interminable se desploma
hasta que el torbellino de gaviotas
dibuja un ya borrado laberinto

       junto al murmullo alterno que renueva
       contra la almohada de algas y saliva
       el doble agonizar donde desfila
       una lenta teoría de panteras

ESPEJO ROTO

RECINTOS

DE OLVIDO

CON FLORES

CON CADENAS

JUEGOS

ESPEJISMOS

RITUALES

DISTANTES

DE LUJO

INUTILES

VIAJE INFINITO

la mano que te busca en la penumbra
se detiene en la tibia encrucijada
donde musgo y coral velan la entrada
y un río de luciérnagas alumbra.

para el que con tu incendio se ilumina,
cósmico caracol de azul sonoro,
blanco que vibra un címbalo de oro,
último trecho de la jabalina,

sí, portulano, fuego de esmeralda,
sirte y fanal en una misma empresa
cuando la boca navegante besa
la poza más profunda de tu espalda,

suave canibalismo que devora
su presa que lo danza hacia el abismo,
oh laberinto exacto de sí mismo
donde el pavor de la delicia mora,

agua para la sed del que te viaja
mientras la luz que junto al lecho vela
baja a tus muslos su húmeda gacela
y al fin la estremecida flor desgaja

El nombre innominable

Later in the night he saw, strangely, the picture of himself as he had been before she came. He thought: "She has power to wake the dead."

ISAK DINESEN, *Tempests*

Ella tiene el poder de despertar a los muertos. Ella tiene rostros y sombras y voces y tiempos diferentes, nombres que no serán nombrados o sí, o lo serán como en las estelas o en la fabulación de sueños no cumplidos. Pero quienquiera que sea o haya sido, tiene el poder de despertar a los muertos. Ella, Lilith, la de todos los nombres, la intercesora, la telaraña, Diana de las encrucijadas, ángel azul, final refugio de Peer Gynt, restañadora, lamia, madre de la historia.

Jamais jamais d'autre que toi
Et moi seul seul seul comme le
lierre fané des jardins de
banlieue seul comme
le verre
Et toi jamais d'autre que toi.

ROBERT DESNOS,
Jamais d'autre que toi

DESPUES DE LAS FIESTAS

Y cuando todo el mundo se iba
y nos quedábamos los dos
entre vasos vacíos y ceniceros sucios,

qué hermoso era saber que estabas
ahí como un remanso,
sola conmigo al borde de la noche,
y que durabas, eras más que el tiempo,

eras la que no se iba
porque una misma almohada
y una misma tibieza
iba a llamarnos otra vez
a despertar al nuevo día,
juntos, riendo, despeinados.

BOLERO

Qué vanidad imaginar
que puedo darte todo, el amor y la dicha,
itinerarios, música, juguetes.
Es cierto que es así:
todo lo mío te lo doy, es cierto,
pero todo lo mío no te basta
como a mí no me basta que me des
todo lo tuyo.

Por eso no seremos nunca
la pareja perfecta, la tarjeta postal,
si no somos capaces de aceptar
que sólo en la aritmética
el dos nace del uno más el uno.

Por ahí un papelito que
solamente dice:

    Siempre fuiste mi espejo,
    quiero decir que para verme tenía que mirarte.

Y este fragmento:

La lenta máquina del desamor
los engranajes del reflujo
los cuerpos que abandonan las almohadas
las sábanas los besos

y de pie ante el espejo interrogándose
cada uno a sí mismo
ya no mirándose entre ellos
ya no desnudos para el otro
ya no te amo,
mi amor.

Abend schlägt so tiefe Wunde!

GEORG TRAKL, *Klage*

HABLEN, TIENEN TRES MINUTOS

De vuelta del paseo
donde junté una florecita para tenerte entre mis dedos un
   momento,
y bebí una botella de Beaujolais, para bajar al pozo
donde bailaba un oso luna,
en la penumbra dorada de la lámpara cuelgo mi piel
y sé que estaré solo en la ciudad
más poblada del mundo.

Excusarás este balance histérico, entre fuga a la rata y queja
   de morfina,
teniendo en cuenta que hace frío, llueve sobre mi taza de
   café,
y en cada medialuna la humedad alisa sus patitas de esponja.

Máxime sabiendo
que pienso en ti obstinadamente, como una ciega máquina,
como la cifra que repite interminable el gongo de la fiebre,
o el loco que cobija su paloma en la mano, acariciándola
   hora a hora
hasta mezclar los dedos y las plumas en una sola miga de
   ternura.

Creo que sospecharás esto que ocurre,
como yo te presiento a la distancia en tu ciudad,
volviendo del paseo donde quizá juntaste

la misma florecita, un poco por botánica,
un poco porque aquí,
porque es preciso
que no estemos tan solos, que nos demos
un pétalo, aunque sea un pastito, una pelusa.

EL NIÑO BUENO

No sabré desatarme los zapatos y dejar que la ciudad me
 muerda los pies,
no me emborracharé bajo los puentes, no cometeré faltas de
 estilo.
Acepto este destino de camisas planchadas,
llego a tiempo a los cines, cedo mi asiento a las señoras.
El largo desarreglo de los sentidos me va mal, opto
por el dentífrico y las toallas. Me vacuno.
Mira qué pobre amante, incapaz de meterse en una fuente
para traerte un pescadito rojo
bajo la rabia de gendarmes y niñeras.

GOLEM

Ese violento fleco rojo es una estrella. El día acaba
como el llanto, una tierra sorda, un pardo.
La destrucción devora las cornisas,
un talco ruin se posa en las ventanas,
y de los puentes crece como un nombre maligno,
una agobiada enfermedad del agua.

Allá en tu pálido país arde la tarde
por donde irás, de color claro, un poco triste.
No puede ser que no estés triste a veces,
no puede ser que ignores
cuánta tristeza hay en tu doble, esta
callada figulina que a mi lado contempla
la fría perfección de la noche que nace.

LA VISITANTE

No sé qué destrucción cumples aquí,
en este cauce de caminos donde el pecho es una calavera de
    vaca en el polvo
bajo nubes pesadas como epitafios de solemnidad.
Sé que me arrancas cosas, que paseas
semejante a una hormiga colérica
despojando alacenas y semblantes,
los recuerdos surtidos en sus frascos,
los vientecitos de nostalgia.
Y pasa que te odio, que reclino
la frente en tu guadaña de cristal
para humillarla y detenerla,
oh ladrona de estampas, de seguras
correspondencias que dormían a salvo de mudanza,
de mi pasado, esa pared que me servía de chaleco y
    mayordomo.

(Si me vacías tanto, ¿volverás
con la primera brizna?
Si te dejo robarme los herbarios resecos,
¿pondrás, urraca azul, la piedrecita
que funda el juego y lo levanta a música?).

LIQUIDACION DE SALDOS

Me siento morir en ti, atravesado de espacios
que crecen, que me comen igual que mariposas hambrientas.
Cierro los ojos y estoy tendido en tu memoria, apenas vivo,
con los abiertos labios donde remonta el río del olvido.
Y tú, con delicadas pinzas de paciencia me arrancas
los dientes, las pestañas, me desnudas
el trébol de la voz, la sombra del deseo,
vas abriendo en mi nombre ventanas al espacio
y agujeros azules en mi pecho
por donde los veranos huyen lamentándose.
Transparente, aguzado, entretejido de aire
floto en la duermevela, y todavía
digo tu nombre y te despierto acongojada.
Pero te esfuerzas y me olvidas,
yo soy apenas la burbuja
que te refleja, que destruirás
con sólo un parpadeo.

El que se va se lleva su memoria,
su modo de ser río, de ser aire,
de ser adiós y nunca.

Hasta que un día otro lo para, lo detiene
y lo reduce a voz, a piel, a superficie
ofrecida, entregada, mientras dentro de sí
la oculta soledad aguarda y tiembla.

ROSARIO CASTELLANOS, *Amor*

LAS POLILLAS

Apresúrate a fijarte en mí
si te importan tu cara y tu cabello.
No sabes qué peligro, qué galope de mar
corre hacia atrás para anegarte.
Cada paisaje, cada rostro nuevo es una gubia
hollando tus mejillas,
cada nombre
cae sobre tu nombre como un águila muerta.
Eres la ahogada del Sena, cómo salvarte
si las mujeres de Picasso te corroen con líquidas caricias
y al despertar te pienso y eres otra
aunque persiga hasta la sed tu cara
buscándote en cajones y retratos,
abandonado a una pequeña, inútil
noche de lluvia entre mis manos.
¡No te dejes destruir,
oh, no me cedas la victoria fácil!
Yo lucho como un árbol,
pero tú eres el pájaro allí arriba:
qué puedo hacerle al viento que me quita tu canto
si tú le das las alas!

EL FUTURO

Y sé muy bien que no estarás.
No estarás en la calle, en el murmullo que brota de noche
de los postes de alumbrado, ni en el gesto
de elegir el menú, ni en la sonrisa
que alivia los completos en los subtes,
ni en los libros prestados ni en el hasta mañana.

No estarás en mis sueños,
en el destino original de mis palabras,
ni en una cifra telefónica estarás
o en el color de un par de guantes o una blusa.
Me enojaré, amor mío, sin que sea por ti,
y compraré bombones pero no para ti,
me pararé en la esquina a la que no vendrás,
y diré las palabras que se dicen
y comeré las cosas que se comen
y soñaré los sueños que se sueñan
y sé muy bien que no estarás,
ni aquí adentro, la cárcel donde aún te retengo,
ni allí fuera, este río de calles y de puentes.
No estarás para nada, no serás ni recuerdo,
y cuando piense en ti pensaré un pensamiento
que oscuramente trata de acordarse de ti.

Mon beau navire ô ma mémoire
Avons-nous assez navigué
Dans une onde mauvaise à boire
Avons-nous assez divagué
De la belle aube au triste soir

GUILLAUME APOLLINAIRE,
La chanson du mal aime

GANANCIAS Y PERDIDAS

Vuelvo a mentir con gracia,
me inclino respetuoso ante el espejo
que refleja mi cuello y mi corbata.
Creo que soy ese señor que sale
todos los días a las nueve.
Los dioses están muertos uno a uno en largas filas
de papel y cartón.
No extraño nada, ni siquiera a ti
te extraño. Siento un hueco, pero es fácil
un tambor: piel a los dos lados.
A veces vuelves en la tarde, cuando leo
cosas que tranquilizan: boletines,
el dólar y la libra, los debates
de Naciones Unidas. Me parece
que tu mano me peina. ¡No te extraño!
Sólo cosas menudas de repente me faltan
y quisiera buscarlas: el contento,
y la sonrisa, ese animalito furtivo
que ya no vive entre mis labios.

TALA

Llévese estos ojos, piedritas de colores,
esta nariz de tótem, estos labios que saben
todas las tablas de multiplicar y las poesías más selectas.

Le doy la cara entera, con la lengua y el pelo,
me quito uñas y dientes y le completo el peso.

No sirve
esta manera de sentir. Qué ojos ni qué dedos.
Ni esa comida recalentada, la memoria,
ni la atención, como una cotorrita perniciosa.
Tome las inducciones y las perchas
donde cuelgan palabras lavadas y planchadas.
Arree con la casa, fuera todo,
déjeme como un hueco o una estaca.

Tal vez entonces, cuando no me valga
la generosidad de Dios, ese boy-scout,
y esté igual que la alfombra que ha aguantado
su lenta lluvia de zapatos ochenta años
y es urdimbre nomás, claro esqueleto donde
se borraron los ricos pavorreales de plata,

puede ser que sin voz diga tu nombre cierto,
puede ocurrir que alcance sin manos tu cintura.

*Les myrtes ont des fleurs qui
parlent des étoiles
Et c'est de mes douleurs qu'est
fait le jour qui vient
Plus profonde est la mer y plus
blanche est la voile*

ARAGON, *Le roman inachevé*

"LE DOME"

Montparnasse

A la sospecha de imperfección universal contribuye
este recuerdo que me legas, una cara entre espejos y platillos
   sucios.
A la certidumbre de que el sol está envenenado,
de que en cada grano de trigo se agita el arma de la ruina,
aboga la torpeza de nuestra última hora
que debió transcurrir en claro, en un silencio
donde lo que quedaba por decir se dijera sin menguas.
Pero no fue así, y nos separamos
verdaderamente como lo merecíamos, en un café mugriento,
rodeados de larvas y colillas,
mezclando pobres besos con la resaca de la noche.

SI HE DE VIVIR

Si he de vivir sin ti, que sea duro y cruento,
la sopa fría, los zapatos rotos, o que en mitad de la opulencia
se alce la rama seca de la tos, ladrándome
tu nombre deformado, las vocales de espuma, y en los dedos
se me peguen las sábanas, y nada me dé paz.
No aprenderé por eso a quererte mejor,
pero desalojado de la felicidad
sabré cuánta me dabas con solamente a veces estar cerca.
Esto creo entenderlo, pero me engaño:
hará falta la escarcha del dintel
para que el guarecido en el portal comprenda
la luz del comedor, los manteles de leche, y el aroma
del pan que pasa su morena mano por la hendija.

Tan lejos ya de ti
como un ojo del otro,
de esta asumida adversidad
nacerá la mirada que por fin te merezca.

ENCARGO

No me des tregua, no me perdones nunca.
Hostígame en la sangre, que cada cosa cruel sea tú que
    vuelves.
¡No me dejes dormir, no me des paz!
Entonces ganaré mi reino,
naceré lentamente.
No me pierdas como una música fácil, no seas caricia ni
    guante;
tállame como un sílex, desespérame.
Guarda tu amor humano, tu sonrisa, tu pelo. Dálos.
Ven a mí con tu cólera seca de fósforo y escamas.
Grita. Vomítame arena en la boca, rómpeme las fauces.
No me importa ignorarte en pleno día,
saber que juegas cara al sol y al hombre.
Compártelo.

Yo te pido la cruel ceremonia del tajo,
lo que nadie te pide: las espinas
hasta el hueso. Arráncame esta cara infame,
oblígame a gritar al fin mi verdadero nombre.

París, 1951/1952

CE
GRE CIA 59
ECE

Rumbé sin novedad por la
  veteada calle
que yo me sé. Todo sin
  novedad,
de veras. Y fondeé hacia cosas
  así,
y fui pasado.

CESAR VALLEJO, *Trilce*

*Entonces escribir es el modo de
quien tiene la palabra como cebo: la palabra pescando lo que
no es palabra. Cuando esa nopa-
labra —la entrelínea— muerde el
cebo, algo ha sido escrito. Una
vez que se pesca la entrelínea, sería posible expulsar con alivio la
palabra. Pero ahí se detiene la
analogía: la no-palabra al morder el cebo, lo ha incorporado.
Lo que salva, entonces, es escribir distraídamente.*

CLARICE LISPECTOR,
Aguaviva

No sé, pero si algo fue escrito distraídamente es este poema. Una serie de ráfagas a lápiz o tinta, en camas y cafés y playas griegas, su inicio en Estambul frente al supuesto sarcófago de Alejandro: de golpe el puñetazo de la adolescencia en pleno pecho, retorno de las lágrimas que me había arrancado la muerte de Patroclo en la *Ilíada,* la fascinación de Esquilo y Hesíodo, la complacencia nada equívoca de los diálogos pastoriles de Teócrito, y detrás la sombra mayor y un poco más retórica de Píndaro, sobre quien escribí un ensayo que mi

profesor de literatura griega estimó a tal punto que quiso verlo publicado por cuenta de la escuela normal de
profesores donde yo estudiaba y cuyo director, mate-
mático y cazador de patos, puso una cara cadavérica y
le hizo saber que los créditos no se destinaban a esas
pavadas. *Exeunt* Píndaro y gran tristeza de don Arturo
Marasso y del autor del ensayo, que años después lo
quemaría junto con una novela de seiscientas páginas
(hoy lo lamenta, se llamaba *Soliloquio* y era percepti-
blemente homosexual, como Alejandro cuyo falso sarcófago habría de suscitar el torbellino que aquí tan mal
se resume).

Tampoco sé si al escribir distraído logré lo que tan
admirablemente intuye Clarice, pero en todo caso mis
distracciones han sido siempre embudos, succiones,
maelstroms de imágenes y *derelicts* del recuerdo cho-
cando entre ellos, disputándose una entrada y un lugar,
le lieu et la formule, alineándose en un orden que no
depende de mí. Creo además que el trilingüismo del
poema —del que me sentiría culpable si no fuera excepcional—, viene de un rechazo de la Grecia de la imaginación adolescente idealizada a través de Leconte de
Lisle, Winckelmann y mi maestro Marasso, y sustituida
hoy por una visión no sé si más real pero en todo caso
menos "clásica". Y precisamente por eso, por compartir
con el Viejo Marinero ese atardecer de la vida en que
nos despertamos más tristes y más sapientes, mi distracción no excluyó la ironía, la admisión ya no melan-
cólica de la eterna doble cara de la medalla, la hermosura de las leonas de mármol de Delos y la tos repug-
nante de un viejo en el cuarto vecino del hotel. Todo eso
venía en tres lenguas, y la distracción no me lo dejó ver
hasta la hora de releer y ajustar. No es la primera vez
que me ha ocurrido escribir así, estar enajenado hasta
un punto modestamente babélico; pero aquí supe que
no debía suprimir ni traducir como otras veces. Lo que
nunca sabré es por qué lo supe.

CE
GRE CIA 59
ECE

Sarcófago de Alejandro Magno,
Museo Arqueológico de Estambul.

I

—Tombe sur moi, putain, inévitable manigance de l'ennui,
fais ton métier pendant que je médite les Diadoques au lendemain de la Grande Mort.
Serait-ce le prestige de ces noms parfumés, musqués,
l'enjeu de cette balade autour du Grand Cercueil,
la longue halte sur les dalles minées par les fourmis?

(Histoire de saisir l'Histoire, ô Pausanias, ô fidèle
désabusé, image première de ceux qui ont (presque) complété
leur collection de Guides Bleus, Nagel, Michelin and so forth—).

—Mais vas-y, ne lâche pas prise, broute toujours, baby,
la nuit était plus leste que toi quand ses étoiles
chatouillaient la peau du jeune lion mieux que le font tes ongles
Apricot Number Two.

Inesperadamente ante el Sarcófago (no se puede saber todo,
llega el día en que *vini, vidi:* Alejandro! (En Estambul, of all places)). Con un gusto
de huracán en la boca, de pronto comprender (un rayo, un aletazo de águila)
que la espiral de tantos viajes Leica en mano
me hundía en este pozo de pasaje, el agujero de la nada
(aquí, irrisión, Seraglio; aquí Topkapi Palace
where the nice Tulip Garden commands the most breathtaking view of the Golden Horn
provided that you arrive at the right hour and/or in the right mood–)
y ese cráneo, Işkander,
ese cráneo, Alexander, como el Omphalos, ombilic
pour celui depuis toujours aimanté sans le savoir par ce cercueil,
frappé d'arrêt, s'arrêtant pile devant (le sourire,
dans la vitrine, du crâne, plus loin).

Je l'ai vu ce cercueil et le crâne qu'on a trouvé dedans,
sans foi j'ai regardé, et tout autour le Seraglio, son odeur de pistache,
au loin la Corne d'Or était une corne verte, ambrée,
comment ne pas hisser les focs de la douleur,
alas, poor Yoricksander, alas, bright boy!, fusillé toi aussi
comme l'ange de l'Oiseleur par les soldats de Dieu! Mais, vrai, j'ai trop pleuré,
Arthur de Macédoine, ne me tiens pas rigueur si devant ce tombeau
(ô dérision, placé parmi les ombres des Ingres à l'étuve,

ton crâne qui grince ses quelques dents dans l'absence de pensée
et l'impuissance d'agir (à moi, Héphestion, ombre si chère!)).

–Vaut mieux oublier, suce donc en t'astreignant, t'appelles-tu Irène, non?
Tant de vin résiné, on ne tient pas le coup, il faudra s'en sortir,
mais je parlais du crâne, je l'ai vu, d'Eskander, Philip's son,
quite a bright boy, a horseman, go ask the Easterns roads.

De espaldas todo es yeso y lámpara, noche galope a paso lento,
pero antes de esa Muerte (¿envenenado? ¿Fiebre maligna de pantanos?)
hubo Ygdrassil, el fuste de una sed entre Zeus y los hombres.
Alejandro, oh zarpazo de miel, esto que llamo
casualidad o Thomas Cook, este turismo
me traía al Sarcófago desde un siempre obstinado
para que tras un vidrio de museo (cameras not allowed)
tu cráneo apócrifo (why, sir, it is genuine!)
el ataúd donde enterraron a un vago reyezuelo que se obstina en llamarse por tu nombre,
me mostraran el fin ejemplar de los viajes,
los beneficios de la veneración histórica,
le sardonique tableau d'un narguileh qu'on expose à côté d'un glaive macédonien,
the happy longing of a battered Christian dog
standing exactly between Hellas and Islam, amen.

Hotel en Atenas

II

Arrancarse un gargajo no siempre es fácil de mañana, por eso
el señor de la pieza catorce del Palladion Hotel
de siete a nueve lucha contra el ahogo. ¿Cómo dormir
tan cerca del combate entre Gorgo y Tersites? Cigarrillo,
proyectos: el día será largo, museo, hojas de parra
rellenas con arroz, rahat-lukum. Hot shower seven drachmae, soap included.
Anoche y luna llena, Athens by night, subimos
a la Acrópolis (pausa, ya no tose, ya escupió),
y en la gran caja de zapatos Partenón vimos alta a Selene
(anoche, yes, a must, to miss it would be *such* a shame)
y es necesario confesar que el cielo me pesaba un poco menos,
que el tres de mayo no era un día con los hombros doblados
por más de cuarenta años que os contemplan;
en el chirriar de un saltamontes ático se asomaba la gracia
de los altos lugares, de las mesetas del corazón: y descansábamos.
Ceci dit (mais il tousse de nouveau, il râle comme sa chienne de mère,
faudrait changer de chambre), Atenas hoy es polvo y Wagon Lits,
inútil escapar hasta Cap Súnion, diez autocares vuelcan colegiales,

Amerikani!, Rock'n Roll, y los soldados juegan a las cartas
en la *cella* del templo de Poseidón: un tres, un seis, ah merde!
¿Las máscaras, quizá? Sala I (a very fine museum)
and good old Schliemann (and good old Mrs. Schliemann too) got quite a scare
when their spade klang Ojo! Frágil! —Wunderbar, unbelievable!
Todo de oro y Atrida, todo el banquete Tiestes: el horror
en el túmulo negro: máscaras, rayos verdes y aplastados,
como águilas deshechas contra el flanco de piedra
por las manos del viento, Moiras, Tánatos!
¡Agamenón! Ach, Schrecklich! Con ojos como sexos de vírgenes,
entremirando un mundo que despierta
y es una pura maldición maravillosa, un bosque de amenazas
a combatir con carros, Ifigenias, caballos, simulacros y aedos.

Por favor, cierra un poco esa persiana: quiero escuchar mejor
el acordeón del ciego de la calle, sube con el olor del maní y el pistacho,
la calle Venizelos con su rumor de Pnyx, de areópago,
cualquier nombre que huela a cebolla, a muchedumbre socarrona.
(Il est parti, je crois: personne ne tousse
dans la chambre à côte.)

El acordeón me da una leve náusea, ganas de irme,

de nadar mar afuera, desnudo de la historia,
marinero de Ulises en el alba del tiempo.

Et si on prenait l'apéritif, chérie?

III

Las leonas de Delos.

No sé qué es la belleza; esto es hermoso,
la lenta mordedura de la rosa en el tiempo. Sol de Delos
con ceñidor de kinesiólogo: a tirarse gritando en lo desnudo, a abrir
cada ventana sobre la carne libre, entre las leonas,
su exasperante guardia de arpías agoreras
y al pie el puerto romano, los baños polvorientos y las ranas
trizando hasta la náusea el fondo de la fuente de Meroé.
(De noche el miedo, una linterna equívoca, columnas,
let's go back now, it's getting late. Ever heard about the Panic horror?
They'll have it that some prowling shape
starts looking for a prey at midnight, and —Merci, je fume des blondes,
vous savez, c'est plus doux, et puis, l'humidité des lieux sacrés...
C'est connu. Let's go back for a drink. Not bad, the local stuff.

Te he buscado en la cima, en tu cuna de altura,

rubio señor del día, sabiendo que no estabas.
Contador Geiger: radioactividad, 40. (Tres aviones a chorro
pasan sobre Andros, Tinos, Paros, Hydra, Mikonos,
Santorín, Cabo Súnion. Tres aviones, un vuelo
de reconocimiento. *Ningún dios, todos muertos, nada que señalar.*)
Así, de Leto abriéndose en la cima con su dolor radiante entre los muslos,
¿no quedarán las huellas en esta tierra roja,
en el silencio donde raspa un grillo,
en el bruñido mar del mediodía?

Como un rechazo de la tierra seca, oh no te vayas,
como un puño de mármol en la cara, ávida boca eterna,
dialéctica de Delos: Huye, quédate,
no hay dioses, todo es triste alfarería
y una playa mediocre, la resina en el vino, un perro
aullando en la veranda (las postales, dos dracmas, en la sala),
¿qué es este ritmo de altas nubes rotas,
el negro mar temblando en las columnas,
la procesión perfecta del *vacío?*

Máscara de isla, hueco tambor quemándose: no te vayas, viajero,
reconóceme, encuéntrame, I was a God, a radiant King,
golden Apollo!

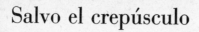

Salvo el crepúsculo

Este camino
ya nadie lo recorre
salvo el crepúsculo.

BASHO

ESTELA EN UNA ENCRUCIJADA

Los mármoles que tanto amamos siguen ahí
en los museos Vaticanos, y las tablas
temblorosas de vírgenes y de ángeles, Duccio de
   Buoninsegna,
Ambrogio Lorenzetti, y los trajes a rayas de los duomos
y junto al Arno sigue Santa María della Spina, todo sigue
en Urbino, en Perugia, en San Sepolcro, en Siena.
Tú los verás acaso una vez más
y yo también acaso una vez más
en tiempos diferentes, sin compartir ese segundo
siempre nuevo y distinto de detenerse frente a un Donatello
y sin hablar, perdidos en la contemplación, saber
que el otro estaba al lado, que después sería el diálogo,
el acuerdo o la pugna o las razones
y sobre todo ese calor por dentro, esa felicidad de los museos
y después bajo el sol, comiendo en pobres *trattorías,*
o en nuestro cuarto miserable, lavándonos por turno junto al
   fuego,
mientras las voces retomaban un acorde del Giotto, un sesgo
de Francesco Laurana, y rehacíamos
en un aire común, en un contacto de eternidad precaria,
ya en la orilla del sueño, una sonrisa del Angélico,
los azules de Piero, los pardos de Masaccio.
Fuimos todo eso juntos; sólo quedan
nuestros ojos a solas en el polvo del tiempo.

Agosto de 1968

TEMAS DE LA MEDIANOCHE

Cada una de las razones que nos devuelven al amor es la repetición de razones agotadas, agostadas. ¿Qué razón puede quedar en lo más irrazonable, en eso que siempre llamaremos corazón? ¿Qué absurda, irrenunciable co-razón orienta una vez más el gobernalle de la sangre hacia las sirtes que lo esperan entre espumas y naufragios?

A UNA MUJER

No hay que llorar porque las plantas crecen en tu balcón, no
    hay que estar triste
si una vez más la rubia carrera de las nubes te reitera lo
    inmóvil,
ese permanecer en tanta fuga. Porque la nube estará ahí,
constante en su inconstancia cuando tú, cuando yo —pero por
    qué nombrar el polvo y la ceniza.

Sí, nos equivocábamos creyendo que el paso por el día
era lo efímero, el agua que resbala por las hojas hasta
    hundirse en la tierra.

Sólo dura lo efímero, esa estúpida planta que ignora la
   tortuga,
esa blanda tortuga que tantea en la eternidad con ojos
   huecos,
y el sonido sin música, la palabra sin canto, la cópula sin
   grito de agonía,
las torres del maíz, los ciegos montes.
Nosotros, maniatados a una conciencia que es el tiempo,
no nos movemos del terror y la delicia,
y sus verdugos delicadamente nos arrancan los párpados
para dejarnos ver sin tregua cómo crecen las plantas del
   balcón,
cómo corren las nubes al futuro.

¿Qué quiere decir esto? Nada, una taza de té.
No hay drama en el murmullo, y tú eres la silueta de papel
que las tijeras van salvando de lo informe: oh vanidad de
   creer
que se nace o se muere,
cuando lo único real es el hueco que queda en el papel,
el gólem que nos sigue sollozando en sueños y en olvido.

**Sí, pero también las horas de gracia, el ansia de
inscribirlas en una celebración de estela, la esperanza de perpetuar una flor o una abeja en la
transparente columna de plexiglás del soneto:**

DOBLE INVENCION

Cuando la rosa que nos mueve
cifre los términos del viaje,
cuando en el tiempo del paisaje
se borre la palabra nieve,

habrá un amor que al fin nos lleve
hasta la barca de pasaje,
y en esta mano sin mensaje
despertará tu signo leve.

Creo que soy porque te invento,
alquimia de águila en el viento
desde la arena y las penumbras,

y tú en esa vigilia alientas
la sombra con la que me alumbras
y el murmurar con que me inventas.

¿Sonetos, en este tiempo de tormenta? Anacrónicos para muchos, yo los siento más bien ucrónicos. Después de todo el soneto es el agazapado íncubo de la poesía en lengua castellana, y el poeta sabe que en cualquier momento asomará la Violante que le mande hacer ese soneto. Si su nombre cambia, y el color de sus ojos y el trigo de su vientre, siempre será ella esperando. Burla burlando, ya van tantos delante...

TRES SONETOS EROTICOS

A sonnet in a pensive mood.

Para C.C., que paseaba por las calles de Nairobi.

Su mono azul le ciñe la cintura,
le amanzana las nalgas y los senos,
la vuelve un muchachito y le da plenos
poderes de liviana arquitectura.

Al viento va la cabellera oscura,
es toda fruta y es toda venenos;
el remar de sus muslos epicenos
inventa una fugaz piscicultura.

Amazona de mono azul, el arte
la fija en este rito paralelo,
cambiante estela a salvo de mudanza;

viejo poeta, mírala mirarte
con ojos que constelan otro cielo
donde no tiene puerto tu esperanza.

SONETO GÓTICO

Esta vernácula excepción nocturna,
este arquetipo de candente frío,
quién sino tú merece el desafío
que urde una dentadura taciturna.

Semen luna y posesión vulturna
el moho de tu aliento, escalofrío
cuando abra tu garganta el cortafrío
de una sed que te vuelve vino y urna.

Todo sucede en un silencio ucrónico,
ceremonia de araña y de falena
danzando su inmovilidad sin mácula,

su recurrente espacio catatónico
en un horror final de luna llena.
Siempre serás Ligeia. Yo soy Drácula.

LA CEREMONIA

Te desnudé entre llantos y temblores
sobre una cama abierta a lo infinito,
y si no tuve lástima del grito
ni de las súplicas o los rubores,

fui en cambio el alfarero en los albores,
el fuego y el azar del lento rito,
sentí nacer bajo la arcilla el mito
del retorno a la fuente y a las flores.

En mis brazos tejiste la madeja
rumorosa del tiempo encadenado,
su eternidad de fuego recurrente;

no sé qué viste tú desde tu queja,
yo vi águilas y musgos, fui ese lado
del espejo en que canta la serpiente.

Voici le miel que font mes
  abeilles, c'est l'ombre
De l'enfance. Je suis plus léger
  que le liège,
Plus léger que l'écume, et
  cependant je sombre
Entraîné par Vénus et par
  l'homme de neige.

JEAN COCTEAU,
A force de plaisirs

LA NOCHE DE LALA

Nunca sabré cómo vino a parar aquí un breve capítulo desechado del *Libro de Manuel,* ni por qué lo deseché en su día. Olvidado entre cuadernos y hojas sueltas entre pameos y dibujos, lo releí por pura amistad con su autor, un tal Andrés, y no había terminado de leerlo cuando supo que su lugar estaba aquí y que no sólo por error lo había guardado entre estos papeles.

Anoche fui a dormir con Lala, a repetir la fiesta que poco a poco hemos ido perfeccionando y perfilando y puliendo, liviano juego en nuestra doble vida tan sin juegos.

Lala es una chica que trabaja en lo alto de la rue Blanche, muy cerca del circo *a giorno* de los cabarets de strip-tease y los tráficos más o menos previsibles. Nos conocimos en un café de esquina, un golpe de lluvia me sacó del itinerario que me llevaba a casa de un amigo, ella tomaba un jugo de frutas en el mostrador y tenía una pollera calculada para imaginar lo que seguía; me acuerdo que pedí un ron, que miré con una sorpresa deliberadamente falsa su jugo de frutas, y que ella me sonrió sin apuro, sin chantaje, dejándome venir. Fuimos a acostarnos a un hotel de la rue Chaptal, increíblemente limpio y suave y silencioso, la camarera nos dio una pieza en el segundo piso y cuando entramos le pregunté a Lala si ya conocía esa pieza, pregunta idiota, y ella me contestó que claro, que a veces le tocaba pero que era una pieza rara, con no sé qué. Sentí en seguida que el no sé qué estaba en que de la puerta se pasaba a un angosto pasillo con espejos a los lados, algo así como un mango de hacha ceremonial desembocando en una cámara perfectamente circular donde la gran cama era como una entalladura del hacha. Todo se daba en curvas, la vasta ventana velada por cortinas azules que contorneaban la hoja del hacha como alguna vez la sangre azul de Carlos I (*Remember!*), y salvo la cama-entalladura el resto había sido escamoteado por las cortinas que se adelantaban al lavabo y al bidé, al armario inútil. Las luces eran tersas y bajas, se respiraba un aire diferente, se estaba bien. El no sé qué de Lala podía ser en mi caso un poco de miedo, esa atmósfera entre rococó y Sheridan Le-Fanu, o ese absurdo de que los espejos tradicionalmente dispuestos en torno a la cama se alinearan en el mango del hacha cretense. Bien mirado eso tenía algo de refinamiento secreto, la propuesta de buscarse desnudos en el pasillo, jugar con los reflejos desde todos los ángulos, para al fin llegar a la cama con todas las incitaciones ya elegidas y deseadas, sin esa multiplicación artificial que acaso sustituye lo que a tantos les cuesta encontrar por su cuenta.

Gracias a todo eso sentimos que hubiéramos podido quedarnos mucho más de la hora usual en la cámara redonda, y entonces Lala habló con madame Roland y yo le doblé la propina esa mis-

Cf. Veinte años despues, de Alejandro Dumas.

ma noche; desde entonces siempre tuvimos esa pieza, porque éramos capaces de volvernos al café o vagar por las calles mientras estaba ocupada y esperar a que madame Roland cambiara las sábanas y se ocupara del lavabo, tan de acuerdo en que esa pieza era nuestra pieza y que ahí podíamos jugar y hablar y hacer el amor como en ninguna otra parte de Montmartre.

Por principio no conviene decirle a una profesional que se la respeta y se la estima, e incluso entonces no es el vocabulario sino la conducta la que debe darlo a entender; nunca le dije a Lala cuánto me gustaba su manera de tratarme y cómo podíamos trascender —palabra que escribo con precisa conciencia— el hecho de encontrarnos cada tanto, yo un mero tiempo de sus muchos tiempos vespertinos o nocturnos, para beber juntos en el bar donde la llovizna nos había presentado y parlamentar luego con madame Roland para que nos diera la cámara circular. De Lala me gustaba, aparte de su cara y su cuerpo que tanto me recordaban a Anouk Aimée, la capacidad extraprofesional de sospechar mi especial locura, de plegarse sin las indagaciones, las minas y contraminas de mis amigas del lado diurno de la sociedad, dicho sea sin ofenderlas, y todo eso al margen de la tarifa que siempre indicó y cobró sin sacar ventaja de mi felino reposo junto a ella; casi indeciblemente todo se había decidido desde el comienzo, y el hecho de darle dinero cada vez que nos encontrábamos no era demasiado diferente que llevarle flores a Francine o un juguete a Ludmilla; nunca sentí la diferencia entre ponerle en la mano los billetes o que ella me diera una flor que le había regalado la gorda del puesto de la rue Pigalle, entre besarla por un derecho adquirido o que ella me recibiera en la calle o en el café con una risa que valía más que todo dinero, que me devolvía al territorio de la cámara circular, a la cena de medianoche cuando era posible, a la liviandad del hasta pronto y del que te vaya bien sin compromisos, sin pactos ni contratos. Ya sé que estoy dibujando una falsa felicidad preadamita, prematrimonial, precristiana, pre lo que te dé la gana; ya sé que era precario, convencional y falsamente anárquico. Pero en París, en eso que es la ciudad, vos en Arequipa o en Sidney o en Lisboa o en Bahía Blanca, en la ciudad hay que inventarse islas o es el bulldozer a plazo fijo, eso o la alineación conyugal que pocos perfeccionan y en todo caso yo no, por culpa mía sin duda pero en el capítulo de las culpas mejor no entrar porque entonces ni la Espasa. Claro que hablarle de islas a un tipo como Patricio, por ejemplo, hubiera sido lo mismo que ofrecerle una lechuga a un puma, la noción de que las prostitutas son una lacra social les hace ver todo rojo empezando por la lechuga, daltonismo de los prejuicios, y no es que estén equivocados porque algún día, *speriamo bene,* no habrá más putas; pero lo que Patricio no se toma el trabajo de pensar es que no bastará con la revolución para que entre otras cosas deje de haber putas, sino que las dialécticas sociales deberán volverse revolucionarias en una medida que ningún revolucionario que conozco hasta hoy ha tenido la osadía de postular, el triste coto de caza del erotismo heredado y malversado y compartimentado tendrá que darse vuelta como un guante y en ese guante dado vuelta, con su nueva piel por fuera, entrará un día la mano del hombre realmente nuevo y será otra mano que la de nuestro tiempo porque el guante de la derecha se vuelve el guante de la izquierda apenas se lo da vuelta, tengo entendido.

De cosas así me gustaba hablarle sin exagerar a Lala, que había leído todas las novelas de Christiane Rochefort y era viva como una ranita para los saltos mentales, sin contar que la iglesia no había podido con ella, cosa rara en el gremio, y que tampoco tenía un niño en el campo, de manera que Lala era una de las mujeres más libres que había encontrado en mi vida puesto que su macró no se mostraba demasiado exigente y hasta estaba enamorado de ella (versión de Lala). Valores falsos, desde luego, pero no más falsos que los diurnos que manejaban gentes como Patricio o Francine o Susana; y yo era entonces una especie de lanzadera que iba y venía de unos a otros sin ánimo de gravitar o de influirnos recíprocamente porque hubiera sido perder el tiempo, simplemente encontraba una isla en Lala y la isla era circular y se entraba en ella pasando por un mango de hacha minoica con espejos, ceremonia de esas noches en que llegábamos después de beber en el café de la llovizna y comentar las noticias, todo un poco excepcional en la isla a ochenta francos, y esto lo digo porque también es hermoso aunque Patricio, aunque Francine, lo digo porque la verdadera Anouk Aimée también recibía en ese entonces sus ochenta francos multiplicados por diez mil para tirarles una isla por la cara, en pantalla alargada y tecnicolor, a los que iban a los cines para estar un rato con ella; y una vez que lo pensé en detalle, me gustó acordarme de que Anouk Aimée se había llamado Lola en una película en la que hacía de puta, y ahora había Lala para mí y a Lala le encantaba la comparación y saltaba como una ranita de frase en frase, habíamos decidido ver juntos la película apenas la pasaran por ahí o en la cinemateca, y eso de ir a la cinemateca por primera vez era otra de las cosas que le daban una risa incontenible a Lala.

(Ahora por qué cuento yo todo esto es algo que no entiendo demasiado, pero que seguramente tiene que ver con cuestiones de vocabulario axiológico, como tal vez hubiera dicho Lonstein. Desvestir a Lala, por ejemplo, que era como desvestir el lenguaje diurno, la terminología al uso de nueve a seis, los usos verbales como los usos de la corbata. Y otras cosas, sin duda, pero lo dejamos así, capítulo inconcluso hasta vaya a saber cuándo, si hay un cuándo).

Bajo un mismo techo
durmieron las cortesanas,
la luna y el trébol.

Basho

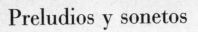

Preludios y sonetos

Quelquefois un reflet
  momentané s'allume
Dans la vue enchâssée au fond
  du porte-plume
Contre lequel mon oeil bien
  ouvert est collé
A très peu de distance, à peine
  reculé;
La vue est mise dans une
  boule de verre
Petite et cependant visible qui
  s'enserre
Dans le haut, presque au bout
  du porte-plume blanc
Où l'encre rouge a fait des
  taches comme en sang.

RAYMOND ROUSSELL, *La Doublure*

PALOMA MUERTA

A Eduardo H. Castagnino

Cuánto pesan el verde suelo, el nudo
que ata tu leve sombra, los cendales
nadadores de ríos cenitales,
el estruendo final de este aire mudo.

¡Barca del aire, flor del viento agudo,
yacente segadora de cristales!
Náufrago de su cielo y de sus sales
tu ser que el vuelo olvida está desnudo.

En la mano del césped te sostienes,
menuda perfección ensimismada
bajo el agobio cruel del mediodía;

y si la tierra horada ya tus sienes
se desgaja del ser tu pura nada,
evade el suelo y sube por el día.

EVENTAIL POUR STEPHANE

Oh soñadora que yaces,
virgen cincel del verano,
inmovilidad del salto
que hacia las estrellas cae.

¿Qué sideral desventura
te organiza en el follaje
como la sombra del ave
que picotea la fruta?

Aprende en tanta renuncia
mi lenguaje sin deseo,
oh recinto del silencio
donde propones tu música.

Pues sin cesar me persigue
la destrucción de los cisnes.

RECADO A GARCILASO

Tu dulce habla, ¿en cúya oreja suena?

Aquí, señor, prosigue tu combate
de palomas y fuentes encendido
aunque en la noche esté el jinete herido
y el corcel no obedezca al acicate.

Aquí la guerra, aquí el Danubio abate
el estandarte con su azor ceñido,
Garcilaso, venado perseguido
por no nacido arquero que le mate.

Si vanamente ardida tanta nieve,
si de llantos la fronda entretejida
y hosca la estrella como amargo el higo,

más bella esta esperanza que nos mueve
los cantos y el encargo de tu vida.
—Adiós hermano. Adiós, Salicio amigo.

TOMBEAU DE MALLARME

Le roc noir courroucé que la bise le roule

Și la sola respuesta fue confiada
a la lúcida imagen de la albura
ola final de piedra la murmura
para una oscura arena ensimismada

Suma de ausentes voces esta nada
la sombra de una vaga sepultura
niega en su permanencia la escritura
que urde apenas la espuma y anonada

Qué abolida ternura qué abandono
del virginal por el plumaje erigen
la extrema altura y el desierto trono

donde esfinge su voz trama el recinto
para los nombres que alzan del origen
la palma fiel y el ejemplar jacinto.

THE HAPPY CHILD

La breve pausa de la dicha
gira en el aire y es el pétalo
posado apenas en tu pelo
con las abejas de la brisa.

Danzando vas en la belleza
que fluye de esa dicha leve,
oh niña que no ves moverse
las alas de una rosa negra.

EL ALEJADO

Su flecha el leve ayer ya no dispara
si una vez más la corza del verano
se alza ceñida de agua y avellano
y con la frente sombra y luz separa.

El cielo, gruta vegetal, ampara
la breve flor y el pájaro liviano;
bajo el simple pretexto de la mano
la barca de la nube corre clara.

Y no duele estar triste en el instante
que es ya pasaje, el hilo que alimenta
por el aire su plata a la deriva,

aunque en la ardida imagen del amante
yazga el amor, oh nada donde alienta
la clara muerte de la siempreviva.

A SONG FOR NINA

Voz que de lejos canta
tal las voces del sueño
agua de los cencerros
bajando la montaña.

Otra vez como entonces
retornas, corazón,
a tu distante amor
de caminos y alcores.

Ya no será la sombra
de los sauces tan fina,
ni el olor de las lilas
te andará por la boca.

Ya no veremos juntos
la vuelta de la tarde,
ni iremos a buscarte,
colmena entre los juncos.

El pichel de agua mansa
que bebías ansiosa
se secará en la sombra
morosa y solitaria.

Ah, mírate en el río
que se lleva tu imagen;
así se van las tardes
libres de ti, al olvido.

Inclinado, en el gesto
del que sacia la sed,
¿alguna vez veré
tu cara entre mis dedos?

LEY DEL POEMA

Amargo precio del poema,
las nueve sílabas del verso;
una de más o una de menos
lo alzan al aire o lo condenan.

Somos el ajedrez de un río,
el naipe siempre entre dos lumbres;
caen las caras y las cruces
a cada curva del camino.

Cae en el verso la palabra,
en el recuerdo llueve el llanto,
cae la noche, cae el pájaro,
todo es caída amortiguada.

¡Oh libertad de no ser libre,
golpe de dados que desata
la sigilosa telaraña
de encrucijadas y deslindes!

Como tu boca a la manzana,
como mis manos a tus senos,
irá la mariposa al fuego
para danzar su última danza.

*No sigo el camino de los
antiguos: busco lo que ellos
buscaron.*

BASHO

VOZ DE DAFNE

Supón que de verdad Dafne murmura
en lo que llamas queja de esta planta,
sin sospechar la dicha que suplanta
en verde luz la antigua criatura.

Siente temblar al viento mi cintura
donde se enreda el día que adelanta,
la voz multiplicada que te canta,
¡oh Apolo, esta tristeza de ser pura!

Río del aire, estremecida escala
donde la danza aprende la cadencia
y urden abeja y flor su claro juego,

te amaré, dios de miel, tortura de ala,
con la misma encendida resistencia
con que te huí mujer y árbol me entrego.

EL OTRO

¿De dónde viene esa mirada
que a veces sube hasta mis ojos
cuando los dejo sobre un rostro
descansar de tantas distancias?

Es como un agua de cisterna
que brota desde su misterio,
profundidad fuera del tiempo
donde el recuerdo oscuro tiembla.

Metamorfosis, doble rapto
que me descubre el ser distinto
tras esa identidad que finjo
con el mirar enajenado.

VENECIA

El caracol de la laguna
guarda los ecos del pasado.
Aquí el león, aquí San Marcos
velan de pie entre tanta tumba.

Una ceniza de palomas
y un artificio de linternas
traman la fábula que cierra
la blanda estela de la góndola.

Sobre las mismas piedras rosa,
sobre las mismas aguas verdes,
los hombres y su vida breve
beben el vino de la hora.

¡Eternidad, oh entrega al tiempo!
La duración nace en la fuga...
Unica, sola, la laguna
guarda las obras de los muertos.

(Ceder, astucia de la carne,
la obra de amor a otra materia,
petrificar esa belleza
que burla el tiempo y lo rehace—)

Así de noche, las linternas
salpican de oro la laguna;

es otra vez la arquitectura
del hombre que urde sus estrellas,

que alza del agua esta Venecia
como una rosa entre las tumbas.

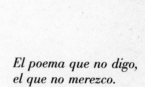

El poema que no digo,
el que no merezco.
Miedo de ser dos
camino del espejo:
alguien en mí dormido
me come y me bebe.

ALEJANDRA PIZARNIK,
Arbol de Diana

ANACREONTE

Eternamente joven y distante
corazón mío, estrella desasida,
casi sin ti se va de mí la vida
con su gesto y su túnica danzante.

De pie en el albo templo, coribante
ebrio de soledad y despedida,
me alcanzas esta hiedra entretejida
con la sutil divisa del instante.

Vana corona, vana permanencia
en tanto amor que es ya el amor postrero
y el sabor de la sal bajo las rosas;

delante vas, figura de tu ausencia,
oh corazón, halcón sin halconero,
y en el mañana y el ayer te posas.

ESTATUA

de Maillol

La luz la elude y juega en torno
sus finas sombras matinales,
resbala sin tocar y evade
la luz más pura de este torso.

Un seno, un vientre, una rodilla,
remansos donde busca el aire
su clara réplica, el pasaje
de toda estatua hacia sí misma.

ADRIANO A ANTINOO

La sombra de tu cuerpo se demora,
eco fragante, centro de este lecho
donde mi amor te abrió la voz y el pecho
buscando el balbuceo de otra aurora.

No te olvidan las sábanas, añora
su lino el rubio juego, tu deshecho
pelo de espigas, el ardido trecho
donde la flor de la delicia mora.

Bajo un silencio de topacio, el río
de nuestra doble fuga arde su espuma
cada vez que mi mano se reposa

en este lecho donde fuiste mío.
Tu queja vuelve sobre tanta pluma
como tu sangre desde tanta rosa.

POEMA

Toda la vida es un ayer
y todo encuentro es una pérdida.
¡Oh irrestañable primavera,
promesa de lo que ya fue!

Quizá por eso arde la rosa,
guardiana de su fuego frío.
¡Qué mar de pétalos marchitos
la mece en su perfecto ahora!

Y si los labios son ya ausencia
en el momento de besarlos,
su fiebre viene de otros labios:
Helena y Diótima te besan.

LOS AMIGOS

En el tabaco, en el café, en el vino,
al borde de la noche se levantan
como esas voces que a lo lejos cantan
sin que se sepa qué, por el camino.

Livianamente hermanos del destino,
dióscuros, sombras pálidas, me espantan
las moscas de los hábitos, me aguantan
que siga a flote en tanto remolino.

Los muertos hablan más, pero al oído,
y los vivos son mano tibia y techo,
suma de lo ganado y lo perdido.

Así un día, en la barca de la sombra,
de tanta ausencia abrigará mi pecho
esta antigua ternura que los nombra.

Qué alegría, vivir
sintiéndose vivido.
Rendirse
a la gran certidumbre, oscuramente,
de que otro ser, fuera de mí, muy lejos,
me está viviendo.

PEDRO SALINAS,
La voz a ti debida

EL SIMULACRO

Cada vez que te encuentro en el recuerdo
y canta en plena noche el gallo grana,
una sed de combate y de campana
me lanza al sacrificio en que te pierdo.

Quién sabe dónde estás, ya ni me acuerdo
si eran tus ojos de oro o de avellana,
pero mi sangre es esa luz que mana
y en la dulce manzana otra vez muerdo.

¡Oh balbuceo en la tiniebla, duelo
de musgo y de leopardo y de gemido,
desesperada imitación de cielo!

Luego es ceniza y sórdida alborada,
el derrotado sueño, el pozo herido
de una sola cabeza en una almohada.

CANCION DE GAUTAMA

What is identity, and what is difference?
NAGARJUNA

Cada pétalo de la flor
y cada copo de la nieve
giran la rueda de la muerte:
el uno cesa, nace el dos.

El tajo de la cimitarra
que corta el vuelo del cendal
separa en toda realidad
lo que perdura y lo que pasa,

como los ojos y las bocas
al distinguir ya están hilando
su reino de perfiles vanos,
sus parques de fingidas rosas.

Toda caricia es el espejo
que nos propone a tanta imagen,
toda pregunta es el pasaje
de la palabra a otro secreto.

Amor, final melancolía
de parques y terrazas, música
que sólo crece en la renuncia
al beso del sutil flautista.

¿Por qué ceder a tanta réplica,
a tanta estatua de sí mismo,
si en el resumen del camino
lo que se pierde es lo que queda?

El hombre que medita al pie
de un árbol que será su signo
sabe que el paso del mendigo
contiene ya el paso del rey,

y que de tan claro despojo
donde se va anulando el mundo
nace el delirio de ser uno
en plena danza de ser otro.

Por eso, acaso, está la flor
negando al sol en su hermosura,
como en el carro de la luna
el albo auriga niega a Dios.

Por eso acaso la palabra
es el espejo del Espejo,
y el hombre, ese divino sueño,
sube cayendo hacia la nada.

ENCANTACION

No más que por la sombra y el perfume
que son tu nombre, por el desencanto
no más de toda cosa en ti, por tanto
que cinerariamente te resume,

volvería como Usher o Ulalume
vuelven por los espejos del espanto
a proponer el turbio trueque, el canto
que encarnara el horror que nos consume.

Pero si pienso, lamia, en lo que puede
la mera niebla de tu inexistencia
no más que en tu perfume y en tu sombra,

mi voluntad a su fantasma cede
y prefiere anegarse en tanta ausencia
donde una nada a esa otra nada nombra.

LA OBEDIENCIA

To the dark lady

Una antigua vez más se alza el reclamo
desde el canto trivial y la guitarra,
la doble soledad que nos amarra
noche a noche en un bar, y no te amo,

no es el amor, no es nada más que el Amo
con tu piel, tu saliva, con la garra
que delicadamente nos desgarra
cada vez que en tus muslos me derramo.

Dos cuerpos que murmuran su vigilia
bajo el empecinado centinela
del simulacro de este amor yacente,

qué amarga servidumbre reconcilia
la sombra equinoccial que te modela
con esta pálida aura de occidente.

La Habana, 1967

DOBLE INVENCION

Cuando la rosa que nos mueve
cifre los términos del viaje,
cuando en el tiempo del paisaje
se borre la palabra nieve,

habrá un amor que al fin nos lleve
hasta la barca de pasaje,
y en esta mano sin mensaje
despertará su signo leve.

Creo que soy porque te invento,
alquimia de águila en el viento
desde la arena y las penumbras,

y tú en esa vigilia alientas
la sombra con la que me alumbras
y el murmurar con que me inventas.

Nueva Delhi, 1968

FINAL

Así, cuando la vida rezagada
retorna leve, apenas en el paso
breve de un aire, de una nube, un vaso
que irisa al sol la curva de su nada,

así, grisalla de la madrugada,
sombra del ave por el cielorraso,
menos que imagen o recuerdo, paso
del beso por la boca ya olvidada,

te contemplo, naciendo de la ausencia,
halo de juego de agua donde juegas
con la infancia liviana del reflejo,

y alza otra vez su duro ser tu esencia
sobre esta soledad donde me entregas,
oh amor, la vana entrega del espejo.

En un país que amaba ya
    estará anocheciendo.
Coronados por sus mustias
    guirnaldas,
esos pequeños seres creados
    cuando la oscuridad,
vuelven a poblar con sus
    tiernas músicas,
a golpear con sus manos de
    brillantes estíos
ese rincón natal de mi
    melancolía.

OLGA OROZCO,
Esos pequeños seres

De antes y después

> **Arnold**
> *(Indiquant avec les doigts)*
>   *Deux! Un et un:*
> *Julio et Jules. Ils font de la*
>   *musique.*
>   **Monsieur Bob'le**
> *Julio et Jules?*
>   **Arnold**
> *Ils sont très gentils; ils sont*
>   *venus*
> *plusieurs fois déjà; ce sont des*
>   *étrangers;*
> *ils traversent les villages.*

GEORGES SCHEHADE,
Monsieur Bob'le

Pero si un niño vence al
    animal sombrío
de la tarde, al siniestro señor
    de los rincones,
con un viejo pedazo de
    madera, descubres

que la luz nos amaba, y que
    asintiendo
sabiamente los árboles, llenos
    de antiguo polvo,
nos ofrecen la sombra, sí, la
    última penumbra,
como quien da un consuelo,
    una esperanza.

ELISEO DIEGO, *Fragmento*

Primeros años europeos: operación de carga y descarga y recarga y contracarga y anticarga y sobrecarga. Por un lado algo como lo que dice Robert Crosson,

(Geographies)
> *the curse is to love words*
> *when you're stuck with them*

y vaya si estaba *stuck'd* de viejas palabras apolilladas, comidas por la mentira, revolcadas en polvos que nada tenían de enamorados como no fuera el hecho de proclamarlo hasta la náusea. Por otro lado algo como lo que buscaba Clarice Lispector,

> *No quiero la terrible limitación*
> *del que*
> *vive tan sólo de aquello capaz de*
> *tener sentido. Yo no: quiero una*
> *verdad inventada.*

(Aguaviva)

Detrás de eso, la certidumbre de que los poemas, fueran lo que fuesen, guardaban en sus botellitas de ludiones lo más mío que me hubiera sido dado escribir, y que no llegaría a la *verdad inventada* por un mero barrido de hojas secas. Toda renuncia parecía demasiado fácil, algo como comprarse una peluca o dejarse la barba ("no olvides", dice un texto indio, "que debajo de tu ropa estás desnudo"); preferible, aunque nada modesto, era cargar la cruz e ir más allá del Gólgota. Lo ya hecho como parte de lo por hacer, mostrándome tantos caminos aunque no hubiera tocado fondo como Cavafis, aunque no hiciera míos los versos de Hafiz:

Jamais le parfum de l'amour ne sera respiré
Pour qui n'a point de la joue balayé la poussière de la taverne.

Supe que no llegaría a la verdad inventada si aceptaba la peluca, si me convencía de que país nuevo era vida nueva y que el amor se cambia como una camisa. Los últimos tiempos de Buenos Aires habían sido una zona de turbulencia, algo como una lustración a puñetazos; en la soledad de los primeros tiempos de París volví sin buscarlo ni rechazarlo a una escritura cargada de pasado, de temas vividos o imaginados en esa otra soledad provinciana de tantos años de empleos perdidos en lo más amargo de la pampa. Y volví a escribir como antes, desdoblado y obediente ante esas rémoras de la nostalgia que eran mi antipeluca, a la vez que ávidamente entraba en la verdad inventada, inventada por mí cada día simplemente porque había decidido hundirme en ella y hacerla mía, *sin pena ni olvido* como me lo cantaba una voz tan querida a cada rato, en cada café del recuerdo.

¿Un antes, un después? Sí, en los calendarios, pero no en esa misma lapicera que seguía escribiendo desde la misma mano.

TALA

Cherchez, cherchez, oiseaux...
JULES SUPERVIELLE

El árbol fue una mano cazadora de nubes
vanamente tendida contra el día lejano;
le andaban por los dedos lagartos minuciosos
buscando entre las hojas un oscuro recuerdo.

Lo tiraron con hachas y le abrieron el pecho
con ganchos y canciones y saliva en las manos;
la copa descansaba con la oreja en el suelo
envuelta en su llovizna de sapitos morados.

Fue el pino, fue el ombú, fue el violeta eucalipto,
el álamo de leche y el dolorido sauce.
Los pasaban de noche por la sierra y el hacha
para burlar las aves y el recuento del bosque.

(En el hueco del aire restaban mariposas
buscando infatigables el lugar de las hojas;
cuántos días anduvo dolido el saltamontes
y anidaron los pájaros en la imagen ausente.)

MEDITERRANEA

Para el Pajarero y su estrella

Los nobles parricidios, las estatuas
tronchadas por la fría hoz de la luna,
descienden en un humo de leyenda
al más profundo cielo de los hombres.

Venus de Milo, tu secreto es éste:
todos al fin yacemos en tus brazos,
y las caricias más prolijas nacen
de tu invisible máquina amorosa.

Gioconda, eres un hombre disfrazado
de hombre que se disfraza de mujer,
y tu sonrisa goza del minuto
en que despertaremos al espanto.

Así las formas de Gorgona vuelven
como espejos que fueran golondrinas,
a repetir las abominaciones
que son la sal y el vino para el viaje.

Diez años y un océano separan *Tala* y *Mediterrá-nea;* si no los hubiera fechado, ¿cómo saberlo? El lirismo de Supervielle y las mitificaciones de Cocteau son respectivamente figuras de proa, cicatrices en la piel del recuerdo.

Por ahí encuentro poemas que podrían provenir de *Turandot* o de *Vathek,* con adherencias infantiles a *Las mil y una noches.* Siempre le tuve cariño a Marco Polo (aunque culpablemente no he leído *Il Milione*). Un día, creo que bajo los álamos mendocinos de los años cuarenta, viví una etapa imaginaria de su viaje:

MARCO POLO RECUERDA

¡Tu mínimo país inhóspito y violento!
Allí árboles enanos enarbolan su hastío
mientras los topos cavan y cavan el camino
y ardidas musarañas remontan por el cielo.

Si llegué a la frontera de tu evasiva tierra
¡cuántas aduanas verdes, cuántos líquidos sellos!
Mis alforjas guardaban medallas y amuletos
para tus aduaneros comedores de menta.

Tu idioma —el de los hombres miradores de nubes—
se alzaba en las barcazas al soplo de la noche,
y el puñal del peligro y el dorado ocelote
y esperarte sin tregua más allá de las cumbres.

Las puertas de obsidiana se curvaban de tiempo
y estabas en el tiempo detrás de la obsidiana!
Con mi nombre —ese glauco gongo de antigua gracia—
tiré sobre las puertas el pergamino abierto.

Trece noches de rojas abluciones —insectos
con patas de cristal, enceguecidas músicas—,
¡oh el calor bajo el cielo, las albercas con luna,
y tú más bella nunca por demorada y lejos!

Tus siervos descifraron la ruta de mi nombre,
vi entornarse las puertas para mi solo paso.

Por meses y caminos se perdieron mis rastros:
volvió la caravana con anillos de bronce.

Yo recuerdo y recuerdo la lunada terraza,
la seda que me diste y el tambor de tus noches.
Volvió la caravana con anillos de bronce—
¡Yo tuve una galera con velas de esmeralda!

Ternura por este imposible pameo. *Glauco gongo de antigua gracia...* "Il faut le faire!", como dicen aquí. *To love words,* confiesa Crosson, pero no son las palabras sino sus "similitudes amigas" (Valéry), sus imantaciones armónicas o rítmicas, esa música tan peligrosa pero que en su hora justa arranca lo verbal de una supuesta servidumbre significante y lo potencia a lo *metalingüístico. Aboli bibelot d'inanité sonore...* Claro que sí, Stéphane, y desde un olvido que acaso sólo yo rescato, también Tristan Derême: *Les traits, les tresses, les détresses/ Atroces de ces Béatrices...*

—Hoy se puso delicuescente —dice Polanco, más bien rabioso.
—¿Qué querés que haga si está bogando en una galera con velas de esmeralda? —lo disculpa Calac.

Y también ternura por este balance que escribí en un sucio hotel del barrio latino, exorcismo acaso pero sobre todo afirmación de todo lo que ya nada podía quitarme:

RESUMEN EN OTOÑO

En la bóveda de la tarde cada pájaro es un punto del
  recuerdo.
Asombra a veces que el fervor del tiempo
vuelva, sin cuerpo vuelva, ya sin motivo vuelva;
que la belleza, tan breve en su violento amor
nos guarde un eco en el descenso de la noche.

Y así, qué más que estarse con los brazos caídos,
el corazón amontonado y un sabor de polvo
que fue rosa o camino—
El vuelo excede el ala.
Sin humildad, saber que esto que resta
fue ganado a la sombra por obra de silencio;
que la rama en la mano, que la lágrima oscura
son heredad, el hombre con su historia,
la lámpara que alumbra.

Una tradición que dura acaso por inercia o por miedo hace que pocos poetas comenten su propia obra, aterrados acaso después de lo que pasó con San Juan de la Cruz, o lo hacen sin entrar en la raigambre, como si eso fuera coto de caza de los críticos. (La *Autobiografía* de Yeats lo da a entender, o unas conferencias que le escuché a Octavio Paz en México, magníficas como lección de poética pero dejando que los poemas fueran más un ejemplo que una indagación). Bien mirado, están en lo cierto. Mi única crítica posible es la elección que voy haciendo; estos pameos son mis amores, mis bebidas, mis tabacos; sé que los critico como se critica lo que se ama, es decir muy mal, pero en cambio los acaricio y los voy juntando aquí para esas horas en que algo llama desde el pasado, busca volver, resbala en el tiempo, devuelve o reclama. Agenda telefónica de las altas horas, ronda de gatos bajo una luna de papel.

EL INTERROGADOR

No pregunto por las glorias ni las nieves,
quiero saber dónde se van juntando las golondrinas
   muertas,
adónde van las cajas de fósforos usadas.
Por grande que sea el mundo
hay los recortes de uñas, las pelusas,
los sobres fatigados, las pestañas que caen.
¿Adónde van las nieblas, la borra del café,
los almanaques de otro tiempo?

Pregunto por la nada que nos mueve;
en esos cementerios conjeturo
que crece poco a poco el miedo,
y que allí empolla el Roc.

LA HIEDRA

En la Recoleta, Buenos Aires

Mar de oídos atentos, ¿qué te dice la piedra?
Yaces sobre las tumbas, colectora de nombres,
trémula cuando el viento vesperal te despierta

para indagar tus manos y quitarles las voces
que minuciosa juntas, sigilosa de tiempo,
guardiana de los diálogos y los turbios adioses.

Sobre las tumbas vela tu solitario sueño,
oh madre de las lenguas, oh estremecida hiedra
donde se va juntando la noche de los muertos—

En vano te reclaman los juegos de la lluvia;
las fuentes de la luz y las diurnas estatuas
te han esperado tanto para darse desnudas,

mientras tú, recogida, habitas en las lápidas.

Las viejas mitologías me asaltaban con una vehemencia de despedida final, era hermoso inventar variantes, genealogías. El Roc, por ejemplo, que ya empollaba en otro meopa, el Roc de los terrores de infancia, ¿cómo aceptar que desapareciera con la última palabra de Simbad el Marino? Su vasta sombra volvería alguna noche evocada por un odio filial, un monstruo hablando de otro:

LA HIJA DEL ROC

Atado por una condición de cielo
quiero volar, quiero perder estas sandalias;
hasta mi voz es burla de ala,
hasta mi amor es un volcán de plumas.

Hija del Roc, magnífica farsa
que en un lecho de tierra gime y sueña
mientras las nubes trepan
y los vientos corroen los metales.

—Padre, pájaro nubio, enorme crueldad,
oh tu sombra infinita que copian mis cabellos
esta carrera inmóvil de mi cuerpo temblando!

En un palacio de cortinas negras,
en una barca de remeros sordos,
buscando desatarme
me enlazo a mis esclavos, a las vírgenes,
desangro adolescentes y corderos.

Mas tú vuelves, posándote en las nubes,
centro perpetuo del espacio—

Ah, encontrar a mi madre
y arrancarle los ojos.

En un antiguo Buenos Aires donde habíamos vivido y escrito en la incertidumbre, abiertos a todo por falta —o desconocimiento— de asideros reales, las mitologías abarcaban no sólo a los dioses y a los bestiarios fabulosos sino a poetas que invadían como dioses o unicornios nuestras vidas porosas, para bien y para mal, las ráfagas numinosas en el pampero de los años treinta/cuarenta/cincuenta: García Lorca, Eliot, Neruda, Rilke, Hölderlin,

y esta enumeración sorprendería a un europeo incapaz de aprehender una disponibilidad que maleaba lenguas y tiempos en una misma operación de maravilla, Lubicz-Milosz, Vallejo, Cocteau, Huidobro, Valéry, Cernuda, Michaux, Ungaretti, Alberti, Wallace Stevens, todo al azar de originales, traducciones, amigos viajeros, periódicos, cursos, teléfonos árabes, estéticas efímeras. Las huellas de todo eso son tan reconocibles en cualquier antología de esos años, y por supuesto aquí.

HÖLDERLIN

Criaturas de agua y césped son las nubes
Que ascienden sin violencia por las gradas
Del monte prodigioso, y salvan leves
El exceso temible del espacio,
Su dura resistencia imprevisible.
La liviana leticia las impulsa
Como faldas o anémonas o géyseres,
Y se ciernen más altas que el topacio
Durísimo del tiempo.
Los sauces desde el suelo las repiten;
Cabalgadas de pájaros discurren
Como profundas solitarias cosas.

Luchamos por fijar nuestro anhelo,
Como si hubiera alguien, más fuerte que nosotros,
Que tuviera en memoria nuestro olvido.

LUIS CERNUDA,
Himno a la tristeza

RESUMEN EN OTOÑO

En la bóveda de la tarde cada pájaro es un punto del
   recuerdo.
Asombra a veces que el fervor del tiempo
vuelva, sin cuerpo vuelva, ya sin motivo vuelva;
que la belleza, tan breve en su violento amor
nos guarde un eco en el descenso de la noche.

Y así, qué más que estarse con los brazos caídos,
el corazón amontonado y ese sabor de polvo
que fue rosa o camino—
El vuelo excede el ala.
Sin humildad, saber que esto que resta
fue ganado a la sombra por obra de silencio;
que la rama en la mano, que la lágrima oscura
son heredad, el hombre con su historia,
la lámpara que alumbra.

POEMA

Empapado de abejas,
en el viento asediado de vacío
vivo como una rama,
y en medio de enemigos sonrientes
mis manos tejen la leyenda,
crean el mundo espléndido,
esta vela tendida.

La noche de las amigas

*Rêve intense et rapide de
groupes sentimentaux
avec des êtres de tous les
caractères parmi
toutes les apparences.*

RIMBAUD, *Veillées*

Una de las mujeres que habrían de jugar este juego me trajo del Japón un cuaderno de suavísimo papel y tapas de seda amarilla. Lo guardé virgen mucho tiempo, no me animaba a escribir en esas páginas de una intimidante pureza. Hasta una noche de soledad en la rue de l'Eperon, cuando al término de vaya a saber cuántos discos y cuántos tragos vi nacer otra noche en la que yo no estaba porque no era mi noche, vi a las amigas reales e imaginarias, a las muertas y a las vivas encontrándose en un salón de aire denso, de almohadones y alfombras y cuidado desorden un poco *belle époque,* lámparas en el suelo, humo de haschisch, vasos y ropas mezclándose con libros abiertos y bibelots acariciados y abandonados, la noche de las amigas entrevista desde mi atalaya solitaria, mirón de mi propia linterna mágica, de mis marionetas reales o convocadas por un exorcismo de novelas y poemas, todas ellas dándose al juego de la noche, midiéndose y hablándose y queriéndose y burlándose, todo tan lesbiano sin serlo y siéndolo, todo tan de ellas como las había conocido o querido o solamente imaginado por una foto, un poema o un libro en los que había entrado como ahora entraría con una pluma de fieltro en el cuaderno de papel japón.

Nunca llegué al final de la fiesta, la había supuesto interminable y creí que llenaría el cuaderno con sus juegos, pero al amanecer también ellas se cansaron, el gris arañando las ventanas no era su color, fue como si bostezaran o se durmieran en los divanes, en el suelo, abrazadas o solas, entre almohadones y piernas y cabellos. Se me fueron como resbalando fuera del cuaderno, y aquí está lo que él alcanzó a guardar en su caracol sedoso, que tantas veces me acerco al oído buscando todavía su murmullo.

<u>Entra</u> el recitante.

Un río que en sí mismo desemboca,
la noche circular.

Un terciopelo de palabras
para decir ese danzar curvado
                              voces
                              pestañas
                              muslos

las amigas
la noche

              sus juegos   su concilio
              el tabaco   el coñac

Esto aquí, el exorcismo.

Esto, tierna traición.

☆

La noche circular,
un río que en sí mismo desemboca.

Aquí los juegos,
simulacro y liturgia,
todo siendo y no siendo.

Topología : aquí.
Cronología : ahora.
Tipología : esta manera
            de mirarlas.

Sus juegos sus muñecas sus anillos
sus besos sus poliédricos cristales
sus dientes sus espaldas sus olores
su inanidad y sus letales voces

        Buenos Aires   París
        Barcelona   La Habana

Pectoral primero

En su lecho de arena se adormece
una mujer desnuda en una playa

tantos tuviste, en tantos te acarició un insomnio
de fiebre de ventosas de cabellos
de medusas de sexos y de labios

En su lecho de arena se adormece

pero qué acuario de fósforos
te guarda en su vigilia
de agazapados párpados

donde la forma de tu espalda
con la marea vio llegar tu doble
de espuma y de agua verde

balsa de náufragos mordiéndose
en lentas ceremonias que repiten
irrepetibles zonas del recuerdo,
la noche del testigo

no man's land que te fija,
indiferente pectoral bruñido
a la respiración lejana de la sombra
donde te esperan tus iguales

una mujer desnuda en una playa

como Juliette y Barbarella y Valentina
pero desnuda para nadie: dándote
a una crueldad de ausencia y sal y bronce

sí, mas también
las que esta noche
juegan a acompañarte
y a jugar

Primer anuncio de los juegos

Porque es así
   ya medianoche   un cuarto   un rito
   una luz por el suelo   mandarinas   sandalias

Judy Collins, long play
Nacha Guevara

        son dos o tres
        es una sola o todas
        escuchando cantar a Judy Collins
        comiendo dátiles
        mirándose
        sobre todo mirándose

(¿De quién estoy hablando,
a quién besan jugando
mientras I Ching, después de Piscis,
ascendiente Mercurio?)

Las que están, las que gatas.
Sus zarpas adjetivos
sus miradas pronombres
la interjección de sexos y de nalgas

(En papeles y discos las que sólo
juegan de lejos, desde Roma
Ingeborg Bachmann, muerta,
Janis Joplin y Nadja).

Setting I

Ese vaso de whisky ya estuvo lleno, ya
perdió su flor de espigas en tu ávida garganta.

Y vos la silenciosa, la que no bebe y alza
su perenne preguntita desde ojos hormigueros

O vos la que se escucha en ese espejo que devuelve
un cigarrillo, un pelo negro

No usan sillones ni maneras
La alfombra las incluye en su dibujo
Enciende velas fuman marihuana

Setting II

Sobre todo preguntas,
un decorado de preguntas.
Si se contesta es a la vez
y todo se confunde, ya no importa.

Importan las preguntas
          tijeras   azagayas

¿Por qué no vino Beba?
¿Dónde compraste ese pulóver?
¿Me dejás ver? Sacátelo.

Pectoral segundo / Visión de sacrificio / los juegos
                                              serios

(En otro tiempo acaso,
acaso en otra zona,
o aquí esta noche
pero abajo o adentro
o en una sola — la que sueña
boca abajo en la alfombra
mientras la miran, y se ríen
porque los dedos de sus pies
exploran lentamente el rojo, el verde)

¿ Pero es un sueño, ésto ?

Un pectoral de esmalte azul profundo
entre los senos de la virgen
que desnudan al pie de los peldaños
sólo dejándole el temblor del pelo

y la joya que en su respiración intenta
el vuelo inmóvil del espanto.

Torpe comedia de novela erótica,
el altar, la oficiante de caderas estrechas,
las esclavas vestidas de leopardo
izando a la doncella que suplica,

el minucioso empalamiento,
la lenta retirada del falo de amatista
que vierte sobre el mármol una estrella
de instantáneos tentáculos —

— Mírala, goza durmiendo, le hizo
mal el White Horse, no debería.

— ¿Vos creés que su marido?

— Por favor, si se duerme para escaparse, el pobre

nunca la vio tan bella y entregada.

(—Tápala un poco, no la dejes
tan desnuda soñando.

— Mojigata.
— Besémosla, le duele estar tan sola
vaya a saber en qué aventura.

Se le acercan gateando, murmurando, mirándose
                                    rozándose
resbalan líquidas traviesas tapándose la boca
dejan sillones huecos vasos cigarrillos
se le acercan los rayos de la estrella se cierran
y la durmiente gime

(Un pectoral de esmalte azul profundo)
(sólo dejándole el temblor del pelo
(Izando a la doncella que suplica   )

Los juegos serios / El sueño duplicado

Junto viles mirándola
         esperando
oyéndola calladas

Las cómplices
     sus bocas
       dando y tomando el aire espeso
Un signo y un zigzag de risa
más cerca suspendidas sobre el rostro mojado de cabellos
balbuceos finales   despertar   grito ronco

Y la bandada de las risas los festejos el susto
eso te enseñará a dormir en sociedad

Hay un vago perfume de muslos transpirados
que las sigue al reposo a la que mezcla

gin con bitter   un algo que persiste
en tu manera de mirarse

  y la durmiente se endereza
  ríe y reprocha e interroga
  las manos en los senos

  y la joya que en tu respiración intenta
  el vuelo inmóvil del espanto
  suelto juego de imágenes borrándose
  vertiginosamente rechazadas
  por un Tom Collins que le alcanzan
  y un Lucky Strike, of course.

Enter Valentina

Probablemente todas saben
que les harás fotografías
y que serás violada
por la sacerdotisa de un reino subterráneo
donde se habla un idioma
que requiere glosario
al final del volumen.

Ven vestida de cuero,
sin látigo ni botas, con las piernas desnudas
y los senos, si quieres, duplicando el deseo
de tantos labios que sonríen
desde Benson & Hodges.

Valentina de Italia
tu mini minifalda dibujada
al borde nacional de la censura.

Ven a escuchar a Baden Powell.

Aquí Alejandra

Bicho aquí,
aquí contra esto,
pegada a las palabras
            te reclamo.

Ya es la noche, vení,
no hay nadie en casa

salvo que ya están todas
como vos, como ves,
intercesoras,

llueve en la rue de l'Éperon
y Janis Joplin.

Alejandra, mi bicho,
vení a estas líneas, a este papel de arroz
dale abad a la Zorra,
a este fieltro que juega con tu pelo

(Amabas, esas cosas nimias
aboli bibelot d'inanité sonore

           las gomas y los sobres
           una papelería de juguete
           el estuche de lápices
           los cuadernos rayados)

Vení, quedate,
tomá este trago, llueve,
te mojarás en la rue Dauphine,
no hay nadie en los cafés repletos,
no te miento, no hay nadie.

Ya sé, es difícil,
es tan difícil encontrarse

           este vaso es difícil,
           este fósforo,

y no te gusta verme en lo que es mío,

en mi ropa en mis libros
y no te gusta esta predilección
por Gerry Mulligan,

quisieras insultarme sin que duela
decir cómo estás vivo, cómo
se puede estar cuando no hay nada
más que la niebla de los cigarrillos,

cómo vivís, de qué manera
abrís los ojos cada día

No puede ser, decís, no puede ser.

        Bicho, de acuerdo,
vaya si lo sé pero es así, Alejandra,
acurrucate aquí, bebé conmigo,
mirá, las he llamado,
vendrán seguro las intercesoras,

el party-para vos, la fiesta entera,

    Erszebet,
    Karen Blixen

ya van cayendo, saben
que es nuestra noche, con el pelo mojado
suben los cuatro pisos, y las viejas
de los departamentos las espían

    Leonora Carrington, mírala,
    Unica Zorn con un murciélago
    Clarice Lispector, aguaviva,

burbujas deslizándose desnudas
frotándose a la luz, Remedios Varo
con un reloj de arena donde se agita un láser
y la chica uruguaya que fue buena con vos
sin que jamás supieras
su verdadero nombre,

qué regunta, que húmedo ajedrez,
qué maison close de telarañas, de Thelonious,
qué larga   hermosa puede ser la noche
con vos y Joni Mitchell
con vos y Hélène Martin
                con las intercesoras

animula   el tabaco
vagula   Anaïs Nin
blandula   vodka tónic

No te vayas, ausente, no te vayas,
jugaremos, verás, ya están llegando
con Ezra Pound y marihuana
con los sobres de soja y un pescado
que sobrenadará olvidado, eso es seguro,
en una palangana con esponjas
entre supositorios y jamás contestados telegramas.

Olga es un árbol de humo, cómo fuma
esa morocha herida de papeles,

      y Natalia Ginzburg, que desteje
      el ramo de gladiolos que no trajo.

¿Ves, bicho? Así. Tan bien y ya. El scotch,
Max Roach, Silvina Ocampo,
alguien en la cocina hace café

                  su culebra cantando
                  dos terrones   un beso
                  Léo Ferré

No pienses más en las ventanas
el detrás   el afuera

Llueve en Rangoon —

                  Y qué.

Aquí los juegos. El murmullo

(consonantes de pájaro
vocales de heliotropo)

Aquí, bichito. Quieta. No hay ventanas ni afuera
y no llueve en Rangoon. Aquí los juego.

Esa belleza en la que toda cosa

That Light whose smile
   kindles the Universe,
That Beauty in which all
   things work and move,
That Benediction which the
   eclipsing Curse
Of Birth can quench not,
   that sustaining Love
Which through the web of
   being blindly wove
By man and beast and earth
   and air and sea,
Burns bright or dim, as each
   are mirrors of
The fire for which all thirst;
   now beam on me,
Consuming the last clouds of
   cold mortality.

SHELLEY, *Adonais*

TUMBAS ETRUSCAS

Una postrera vanidad retiene estas figuras,
esta aterida terracota que los túmulos
han protegido de los vientos y las hordas.
La esposa y el esposo,
el perro fiel, el cántaro,
los dones para el lento itinerario
(hacia oriente bogando luminosos,
que no ceda la barca al arpón de Tuculca,
a la horrible región del noroeste).

Afuera, oh vida bajo el sol, árbol de nubes!
¿Cómo agobiarse al peso viscoso de la sombra,
entregar tanto mármol, tanta sangre de espuma
a las madejas rotas del olvido?

Por eso este policromado simulacro y esta vida en suspenso,
la tumba que es también la casa,
la muerte que se ha vuelto costumbre y ceremonia.
Una cíclica fiesta circula en las paredes
con sus rojos, sus verdes, sus ordenadas tierras.

La mujer no se aparta del tálamo infinito,
el perro vela, no hay demonios.
(Sólo falta —se puede no nombrarlo— el azar de los
    huéspedes,
las migas en el suelo, la antorcha que gotea,

el grito de un esclavo castigado.
Sólo faltan —se puede no nombrarlos—
los años y los meses y los días,

los diástoles, los sístoles. Apenas
un temblor en las túnicas, perfectas
en su ordenada pulcritud).

Pero el festín inmóvil sigue, el viaje sigue abajo,
se está a salvo del cambio, nada moja
estas mejillas que ha pulido el fuego,
que el tiempo desconoce en su carrera
aire arriba, en los árboles que pasan y se alternan.

Un pastor sobre el túmulo
canta para la brisa.

LOS DIOSCUROS

Vaso griego del museo del Vaticano

Puesto que la inmortalidad es una muerte
de estrella, de infinito, y que la sangre
busca un término breve, una violenta fuga de delicia,
te daremos, oh Leda, alternativamente
a tus dos hijos.

Cuando desciende Cástor a las sombras
Pólux retorna adormilado y entra
por la puerta pequeña, y sólo el perro fiel lo acoge.
De qué jornada lamentable vuelves
con ojos cinerarios, y en el pelo
el hedor vesperal de los asfódelos.
Tú el inmortal, el que de amor hollado
cede su permanencia meridiana
para que Cástor suba hasta su madre
y a las pistas veloces de caballos.

Oh Pólux, no te ven, y como siempre
todo es preparativo o despedida.
Con una mano donde hay una flor
Leda ofrece el augurio de la ruta.
De espaldas a lo eterno, ella la eterna
preferirá por siempre al que la sangre signa,
al que murió en batalla, al que es de tierra.
Y lo más que tendrás, Pólux que aguardas
sólo de un perro huésped,
será en esa mejilla donde poses los labios
la sal del llanto por el que ha partido.

TUMBAS ROMANAS

Via Appia

Las tumbas, esos árboles de muerte entre los bellos
cipreses italianos, esos gestos oscuros, demolidos
a lo largo de un tiempo que las ciñe danzante
y les quita los frisos, los relieves,
las va volviendo tumbas verdaderas, las despoja
de sus ornadas vanidades,

y les cede, con lástima furtiva
un vuelo de palomas.

Et qu'opposer sinon nos songes
Au pas triomphant du mensonge

ARAGON, *Le roman inachevé*

NOTRE-DAME LA NUIT

Ahí estás en espacio, oleaje de campanas,
insoportable libertad en toda tu estatura levantada,
mendiga, grave perra,
mira, yo simplemente asisto y esto
nace.
Del aborrecimiento que me humilla contra el circo de
    espinas,
turbio diluvio, carro de holocausto que arrasa el pavimento,
qué tregua de delfines devora este silencio donde te estoy
    mirando,
desollado de insomnio, acostándome al filo de la plaza
para ser uno con tu sombra.

Odio la vanidad que te sostiene,
la irrisión de tanta mansedumbre, el pueblo de figuras que te
    corre por la piel;
aborrezco la lenta preparación del juego,
gata sobre la alfombra donde se estrellan cabalgadas de
    reyes con antorchas,
la zarpa atormentando el orden de la noche,
sometiendo el fragor de la batalla, la anhelante ciudad
a tu pelaje de ceniza contra el tiempo.

¿Aceptarás esta avalancha de rechazo que contra ti
me cierra,
el tráfico que más allá de toda lengua se une con tu cintura
    inabrazable?

Esto te digo, y muere. Pero tú sabes escuchar
el juego verdadero, el árbol del encuentro,

y en el incendio de maitines
una flagelación de bronce nos agita
enlazados a gritos entre
ángeles carcomidos y quimeras,
rodando en una misma imagen y debate
de leviatán, garganta roja
que me repele y me vomita hasta
arrojarme a la calzada
como tu sombra, esa pared de tiempo.

Pero me yergo y me sostengo contra, madre de las lepras,
    tortuga infinitud,
y poco a poco retrocedo al canto original, a la pureza
    extrema,
al oprobio de infancia, a la saliva dulce de la leche,
al existir en aire y fábula, al modo en que se accede y se
    conoce,
para conmigo hacerte pan, para en eterno desleírte.
Oh no fugues, marsopa, ésta es la hora en que
me atraigo al día cereal, al claro gesto del pichel que danza el
    agua,
y ciego a la ciudad embisto los portales
bajo los órdenes que en vano te escudan de este amor,
salgo a tu centro en una danza de hoja seca, lengua de
    torbellino,
balbuceo del alma para incluirte y anegarte.
¡Oh noche, aquí está el día!

Otra vez es la sombra,
otra vez desde fuera te figuro,
vestido, solo, plaza.
Ahí estás liberada;
te miro desde mí, de tan abajo y vuelto.
Pero me yergo y me sostengo:

duerme, maraña de cristal. Yo soy tu límite,
tus muñones sangrando entre las nubes.

No hay otro amor que el que de hueco se alimenta,
no hay más mirar que el que en la nada alza su imagen
  elegida.

color is what my arms feel
  even through shirt sleeves,
taste is the work of my eyes,
my lips and tongue see.
love:
it is a tonic I drink with my
    senses.
it is molasses. sassafras.

FAYE KICKNOSWAY,
2nd chance man

MASACCIO

*Así la luz lo sigue mansa,
y él que halló su raíz y le dio
el agua
urde con sus semillas el
verano.*

I

Un oscuro secreto amor, una antigua noticia
por nadie confirmada, que sola continúa y pesa;
el vino hace su tiempo, la distancia se puebla
de construcciones memorables.

Por las calles va Masaccio con un trébol en la boca,
la vida gira, es esa manzana que le ofrece una mujer,
los niños y los carros resonantes. Es el sol sobre Firenze
pisando tejas y pretiles.

Edificio mental, ¿cómo crecer para alzarte a tu término?
Las cosas están ahí, pero lo que se quiere no está nunca,
es la palabra que falta, el perro que huye con la cadena,
y esa campana próxima no es la campana de tu iglesia.

Bosque de sombra, la luz te circundaba con su engaño
dulce, un fácil puente sobre el tiempo.
Torvamente la echabas a la calle para volverte a las capillas
solo con tu certeza. Alguna vez
le abrirías las puertas verdaderas, y un incendio
de oro y plumajes correría sobre los ojos. Pero aún no era
hora.

Así va, lleno de jugos ácidos, mirando en torno
la realidad que inesperada salta en los portales
y se llama gozne, paño, hierba, espera.

Está seguro en su inseguridad, desnudo
de silencio. Lo que sabe es poco pero pesa
como los higos secos en el bolso del pobre.
Sabe signos lejanos, olvidados mensajes que esperan
en paredes ya no favorecidas; su fe es una linterna
alzándose en las bóvedas para mostrar, humosa,
estigmas, una túnica, un abrazo maldito.

Vuelve y contempla y odia su amor que de rodillas bebe
en esa fuente abandonada. Otros
pasan sonriendo sus visiones
y alas celestes danzan un apoyo para la clara mano.
Masaccio está solo, en las capillas solas,
eligiendo las tramas del revés en el lodazal de un cielo de
     mendigo,
olvidado de saludar, con un pan
sobre el andamio, con un cuenco de agua,
y todo por hacer contra tanto sueño.

En lo adentro del día, en esa lumbre
que hace estallar lo más oscuro de las cosas, busca;
no es bastante aclarar; que la blancura
sostenga entre las manos un martirio
y sólo entonces, inefable, sea.

II

*La escondida
figura que ronda entre las naves
y mueve el agua de las pilas.*

Entre oraciones ajenas y pálidos sermones
eso empezaba a desgajarse. El soportaba
inmóvil, oyendo croar los grajos en los campaniles,
irse el sol arrastrando los últimos oficios. Solo,
con el incienso pegado a la ropa, un gusto a pan
y ceniza. Traían luces.
Cuando salía andaban ya las guardias.

Pintar sin cielo un cielo, sin azul el azul.
Color, astuta flauta! Por la sombra
ir a ellos, confirmándolos. La sombra
que antecede al color y lo anonada. En las naves,
de noche, veía hundirse el artificio,
confundidos los cuerpos y los gestos en una misma podre
de aire; su quieto corazón soñó
un orden nocturno donde el ángel
sobreviviera.

Pintó el pago del tributo con la seguridad del que golpea;
estaba bien esa violencia contenida
que estallaría en algún pecho, vaina
lanzando lejos la semilla.
Un frío de pasión lo desnudaba; así nació
la imagen del que aguarda el bautismo con un gesto aterido,

aspersión de infinito contra la rueda de los días
reteniéndolo aún del lado de la tierra.

Un tiempo predatorio levantaba pendones y cadalsos;
sobrevenían voces, el eco
de incendios, desentierros y poemas.
Los mármoles tornaban más puros de su sueño,
y manuscritos con razones
y órdenes del mundo. En los mercados
se escuchaba volver las fábulas dormidas; el aceite
y el ajo eran Ulises. Masaccio iba contento a las tabernas,
su boca aliaba el ardor del pescado y la cebolla
con un eco de aromas abaciales, mordía
en la manzana fresca el grito de la condenación,
a la sombra de un árbol de vino que fue sangre.

De ese desgarramiento hizo un encuentro,
y Cristo pudo ser de nuevo Orfeo, un ebrio
pastor de altura. Ahora entrañaba fuerza
elemental; por eso su morir requería violencia,
verde agonía, peso de la cabeza que se aplasta crujiendo
sobre un torso de cruel sobrevivencia.
Pintó sus hombros con la profundidad del mar y no del cielo,
necesitado de un obstáculo, de un viento en contra
que los probara y definiera y acabara.

Después le cupo a él la muerte,
y la aceptó como el pan y la paga,
distraído, mirando otra cosa
que tampoco veía. El alba estaba cerca,
la vuelta de la luz legítima. ¡Cuántos oros y azules
    esperando!
Frente a los cubos donde templaría esa alborada
Masaccio oyó decir su nombre.

Se fue, y ya amanecía
Piero della Francesca.

Here in this spring, stars float
  along the void;
Here in this ornamental winter
Down pelts the naked weather;
This summer buries a spring
  bird.

Symbols are selected from the
  years'
Slow rounding of four
  seasons' coasts,
In autumn teach three season's
  fires
And four bird notes.

DYLAN THOMAS,
Here in this spring

LOS VITRALES DE BOURGES

En frente del trono había como un mar
transparente de vidrio semejante al
cristal.

Apocalipsis, 4,6.

I

Coral de hierba, mar y vino, por donde la teoría de figuras y
    de nombres sale al aire,
la grave vocación de las figuras y los nombres
que al ocultar el cielo, árbol abierto sobre el tronco de la viva
    catedral,
urde este nuevo cielo de cumplidas imágenes,
de profecías y martirios, este jardín regado por la encendida
    lluvia del espacio.

La nave crece como el altamar de Saint Etienne
bajo los remos transparentes del color
y el resonar de las marinerías invisibles.
El blanco, el verde, el amarillo y el violeta,
el rojo tan precioso, y ese espía del cielo que ilumina
túnicas y ciudades y gualdrapas,
marcan las casas de un zodíaco sembrado
de estrellas en martirio, de apariciones como luminarias.

Los ojos oyen esta música que el sol
una vez más trama en su lira,
una vez más inventa para el hombre.
Inmóvil tiempo de agua vertical, ¡oh transparencia llena de
    abejas encendidas!
Un polen de mensaje invade el viento curvo de las naves

cuando al nacer de cada día
crece el enjambre rumoroso

desde el profundo tiempo—
Y son las mismas flores y las mismas abejas.

Contra la pesantez de la hora esta alianza de luz,
contra la sed de la agria espera estas cisternas.
Un pueblo, una majada de ojos que apenas sabe
mirar el huerto, el hijo o la gavilla,
alzándose al espacio de las revelaciones—
¡Qué lustración por el asombro, qué radiante colirio,
las plumas de los ángeles, la luz del Paraíso!

Las ancianas mujeres entendían
las relaciones y las moralidades.
El nieto, de su mano, osaba
preguntar por los hechos que entre colores corren.
Y los adolescentes mirarían
a Salomé danzando.

La luz explica las imágenes,
enseña al que medita
cómo el envés hace la flor y la corona,
cómo el lado uniforme en la baraja
guarda todas las suertes.

Un tráfico secreto ordena estos destierros y estas
    decapitaciones,
como las voces en el coro los movimientos de la vida o de la
    muerte
concurren al encuentro de la paz. ¡Oh tapiz sigiloso,
oh suertes cabalísticas, cómo cerrar los ojos contra el tiempo
y abrirlos al Jordán donde las llaves de la Casa se enmohecen
privadas del Pastor y la Paloma!
Un tráfico secreto ordena este desorden,

ten confianza y espera. Verás, oirás, perfumarás tu cara
con las presencias que derrama esta constelación de sangre.

Está Santiago, está José, está Constantino,
no en el cristal, ya fuera, ya en el aire.
Así Santa María Egipcíaca abandona la nave y disemina
por campos y cocinas y antecámaras la narración de su
  destino,
va por las calles como entonces, dulcemente agoniza,
y otra vez un león de humildes ojos ayuda a sostener su
   cuerpo al borde de la tumba.
Está Santiago, está José, está Constantino,
y Magdalena envuelta en el cabello de su llanto.
Marta se inquieta por la cena del rabí,
y Salomé volatinera
como una llama que en sí misma trepa,
la tela roja de su danza.

Elige tu figura.
Están el santo, el juez, el heresiarca, el mártir y el verdugo,
y el hijo pródigo al salir de casa
con un halcón sobre la mano.
Toma una carta y vete
por la vida.

II

A altura de hombre, cara contra cara,
admitiendo ser vistos en su desnuda condición,
los donadores: carpinteros, herreros, panaderos,
peleteros, plateros, curtidores,

y los pacientes albañiles uncidos a la piedra,
y los samaritanos aguateros dando sus lunas de verano a
 cambio de monedas.

Más arriba, el Misterio.

Portulanos del alma, itinerarios
para encontrar pacientemente
la vía que remonta, el paso oscuro
por entre el lobo y el bandido y la ramera,
hasta la ermita en la meseta, y todo el cielo como un manto
que San Martín da entero al que se humilla.

Más arriba, la sal de las hagiografías.

¡Oh figurillas petulantes, segurísimas
de vuestra gloria, vuestro amor, vuestro martirio,
santos de un impecable itinerario,
profetas de palabra perfectísima,
pueblos de encaramadas torres rubias,
cuánto impudor de niños, cuánta fe,
como una flor que se dibuja minuciosa
en el centro del mundo!

Sus cumplidos trabajos los proponen
al que viene por paz o por ventura.
Como de un niño a otro
muestran al suplicante las promesas del Libro,
le dan las piedrecillas blancas
y el lucero del alba,
le dan un globo de figuras
y una pecera con sus peces
y todos los colores para el sueño.

El hombre sale de la iglesia:
después el hambre, los tributos, corvos

azores de combate contra el pecho,
y la desolación sin fin de días y de reyes.
Pero en el centro está la catedral
y en su manzana clara muerde el sol.

Razones de la cólera

> *L'homme ivre d'une ombre*
> *   qui passe*
> *Porte toujours le châtiment*
> *D'avoir voulu changer de*
> *   place.*

Baudelaire, *Les hiboux*

La mayoría de lo que sigue no viene de papeles sueltos sino de un mimeógrafo que compré de ocasión en los años 56 en París, aprovechando un remate de la Unesco, y que me permitió fabricar en casa pequeñas ediciones privadas. Era un viejo Gestetner manual cuyo tambor se entintaba con gran profusión de salpicaduras, pero cuando le tomé la mano, digamos la manija, hacía copias muy bonitas que yo abrochaba pulcramente y guardaba en un armario, razón por el cual casi nadie se enteró de su existencia aparte de una que otra laucha.

La primera edición que produje contenía los poemas de *Razones de la cólera*, escritos en rápida sucesión al término de mi primer viaje a Europa en el 49 y el regreso a la Argentina a bordo del vivaz motoscafo *Anna C.* Mis incompatibilidades en materia multitudinaria, el hecho de no poder evitar el cordial acoso de trescientos emigrantes italianos que viajaban conmigo en un inmenso *camerone* situado por debajo de la línea de flotación, y el estado de ánimo nacido de mi primer contacto con Francia e Italia confrontándose a la idea de volver a mi oficina de traductor público en Buenos Aires, dio en unos pocos días esta secuencia de meopas que contenían, sin que yo lo supiera todavía, decisiones futuras en materia de vida personal. Hoy siento además en algunos de ellos el tremendo choque de la poesía de César Vallejo; que el cholo me perdone la insolencia puesto que en ese choque él quedaba más parado que nunca y yo esperando la cuenta de diez y la esponja mojada.

A la hora de optar aquí por algunos de esos pameos, me acuerdo de un pasaje del *Diario* de Boswell donde el doctor Johnson opina sobre un historiador que tendía a la prolijidad. "Yo le diría", decretó Johnson, "lo que un anciano profesor a su alumno: "Lea por segunda vez sus composiciones, y allí donde encuentre un pasaje que le parezca especialmente bueno, suprímalo." A treinta años del *Anna C.* me creo capaz de suprimir lo que entonces me había parecido particularmente bueno. Tal vez debí dejar el arbitraje literario en manos amigas pero es algo que nunca me ha tentado, sin duda por nefanda vanidad; la única vez que lo intenté tímidamente en Buenos Aires, el amigo consultado me aconsejó destruir *El perseguidor.* No es una prueba de nada, pero uno se queda con sus dudas para el futuro.

> Terrible,
>   a horse at night
> standing hitched alone
>   in the still street
>   and whinnying
>   as if some sad nude astride him
> had gripped hot legs on him
>   and sung
>   a sweet high hungry
>   single syllable

LAWRENCE FERLINGHETTI,
Pictures of the Gone World

FAUNA Y FLORA DEL RIO

Este río sale del cielo y se acomoda para durar,
estira las sábanas hasta el pescuezo y duerme
delante de nosotros que vamos y venimos.
El río de la plata es esto que de día
nos empapa de viento gelatina, y es
la renuncia al levante, porque el mundo
acaba con los farolitos de la costanera.

Más acá no discutas, lee estas cosas
preferentemente en el café, cielito de barajas,
refugiado del fuera, del otro día hábil,
rondado por los sueños, por la baba del río.
Casi no queda nada; sí, el amor vergonzoso
entrando en los buzones para llorar, o andando
solo por las esquinas (pero lo ven igual),
guardando sus objetos dulces, sus fotos y leontinas y
    pañuelitos
guardándolos en la región de la vergüenza,
la zona de bolsillo donde una pequeña noche murmura
entre pelusas y monedas.

Para algunos todo es igual, mas yo
no quiero a Rácing, no me gusta
la aspirina, resiento
la vuelta de los días, me deshago en esperas,
puteo algunas veces, y me dicen
qué le pasa, amigo,
viento norte, carajo.

*Quiero llorar porque me da la
gana,
como lloran los niños del
último banco,
porque yo no soy un poeta, ni
un hombre, ni una hoja,
pero sí un pulso herido que
ronda las cosas del otro
lado.*

FEDERICO GARCIA LORCA,
Poema doble del lago Edem

BLACKOUT

Si ves un perro cerca de una tumba
huye del helicóptero: ya nieva
la delicada muerte por trituración, asalto
del vacío, los ojos reventados porque así
es el cobalto, es el hidrógeno.
Soldadito de plomo, de chocolate, corre
a buscar un refugio: quién te dice
que el perro no te cede su casilla, son tan tontos los perros.
Y si no, está la tumba:
echa a patadas a ese muerto, abrígate
con lo que quede, trapos, tierra, huesos.
(No olvides nunca el Reader's Digest,
hace pasar el rato, es instructivo.)

É sempre no passado aquele orgasmo,
é sempre no presente aquele duplo,
é sempre no futuro aquele pânico.

É sempre no meu peito aquela garra.
É sempre no meu tedio aquele aceno.
É sempre no meu sono aquela guerra.

CARLOS DRUMMOND DE ANDRADE,
O enterrado vivo

LA VISITA

Los amigos llegan, tocan el timbre, qué bueno verte,
y cómo el día, y echale otro cubito.

Los dos, los de los tiempos.
El esbelto de luna, moro triste,
y el de la nieve en forma de corazón.

Mis amigos andan por las cosas
con la felicidad en el pañuelo
pero no son felices, no tienen dónde caerse vivos, y
mañana será peor, por eso
Benny Goodman.

Y es cierto que mil pesos al mes te van embaldosando
la vereda y a todos
—pobre pastito arrancado, mastuerzo del verano—
les gusta andarle encima.

Caracol, caracol,
saca los cuernos al sol.

Y si esta oscuridad no los contiene a ambos
¿dónde encontrarme a mí? En mi matecito amargo,
en mi oficina de San Martín y Corrientes.

VIENTO DE ESQUINA

Rompete aquí, vientito de la tarde, en plena cara.
¿Qué me traés? Campanas en almíbar
que me mando una a una despacito.
Olés a plátano, a río blando, a puente,
gato redondo de azotea, barrilete celeste, copetón y
    compadre.
Soplás porque te da la gana, porque sos así,
que vachaché. Me trabajás la bufanda,
te las pasás silbando, y a los canas
los hacés pensar en la jubilación, qué macanudo.

> *Hombre paciente, compilador*
> *de embustes,*
> *no quiero tu sonrisa,*
> *no quiero tu conjuro entre la*
> *temperancia*
> *y el tapiz,*
> *ante los candelabros que te*
> *apartan del hálito*
> *nocturno*
> *cuando despierta el Pródigo,*
> *con un escalofrío*
> *entre los muros de su casa.*
>
> ENRIQUE MOLINA,
> *¿No hay gracia para mí...?*

ESTA TERNURA

Esta ternura y estas manos libres,
¿a quién darlas bajo el viento? Tanto arroz
para la zorra, y en medio del llamado
la ansiedad de esa puerta abierta para nadie.

Hicimos pan tan blanco
para bocas ya muertas que aceptaban
solamente una luna de colmillo, el té
frío de la vela al alba.
Tocamos instrumentos, para la ciega cólera
de sombras y sombreros olvidados. Nos quedamos
con los presentes ordenados en una mesa inútil,
y fue preciso beber la sidra caliente
en la vergüenza de la medianoche.
Entonces, ¿nadie quiere esto,
nadie?

**Ya en las radios porteñas escuchábamos la voz
de Louis Armstrong preguntando:** *How long, how
long I'll have to wait?*, **y yo me acordaba de alguna canción campera donde se pregunta:** *¿Cuándo, mi vida, cuándo?* **Entonces, entre tantas
mufas,**

EMPLEADOS NACIONALES, HURRAH!

Este que vive de su sueldo,
ése que suelda de su vive.
Barato el pan francés, la mortadela,
el Río de la Plata.

Se va, se va el vapor.
Sentarse a esperar el cuándo
entre cien mil doscientos cuándos.
El dónde lo sabemos: no hay más que uno,

Un café
Un
hipódromo
balneario sierra en su defecto el paulista o san isidro
y en el dulce ínterin de once meses y días
una oficina con ventiladores silenciosos
y nada más que cinco jefes.

Cuándo, mi vida, cuándo.

Destruyéndonos. Así hemos
vivido.

Como entre una alucinación
lo íbamos violentando todo.

No sabíamos ordenar nuestro
destino.

ULYSES PETIT DE MURAT,
La sed

SUEÑE SIN MIEDO, AMIGO

Poco le quedaría al corazón si le quitáramos su pobre
noche manual en la que juega a tener casa,
comida, agua caliente,
y cine los domingos.
Hay que dejarle la huertita donde cultiva sus legumbres;
ya le quitamos los ángeles, esas pinturas doradas,
y la mayoría de los libros que le gustaron,
y la satisfacción de las creencias.
Le cortamos el pelo del llanto,
las uñas del banquete, las pestañas del sueño,
lo hicimos duro, bien criollo,
y no lo comerá ni el gato
ni vendrán a buscarlo entre oraciones
las señoritas de la Acción Católica.
Así es nomás: sus duelos
no se despiden por tarjeta,
lo hicimos a imagen de su día y él lo sabe.

Todo está bien, pero dejarle un poco
de eso que sobra cuando nos atamos
los zapatos lustrados de cada día;
una placita con estrellas, lápices de colores,
y ese gusto en bajarse a contemplar un sapo o un pastito
por nada, por el gusto,

a la hora exacta en que Hiroshima
o el gobierno de Bonn o la ofensiva
Viet Mihn Viet Nam.

Desembarqué en un Buenos Aires del que volvería a salir dos años después, incapaz de soportar desengaños consecutivos que iban desde los sentimientos hasta un estilo de vida que las calles del nuevo Buenos Aires peronista me negaban. ¿Pero para qué hablar de eso en poemas que demasiado lo contenían sin decirlo? La ironía, una ternura amarga, tantas imágenes de escape eran como un testamento argentino de alguien que no se sentía ni se sentiría jamás tránsfuga pero sí dueño de vender hasta el último libro y el último disco para alejarse sin rencor, educadamente, despedido en el puerto por familia y amigos que jamás habían leído ni leerían ese testamento.

LA MADRE

Delante de ti me veo en el espejo que no acepta cambios, ni corbata nueva ni peinarse en esta forma. Lo que veo es eso que tú ves que soy, el pedazo desprendido de tu sueño, la esperanza boca abajo y cubierta de vómitos.
Oh madre, tu hijo es éste, baja tus ojos para que calle el espejo y podamos reconciliar nuestras bocas. A cada lado del aire hablamos de cosas distintas con iguales palabras. Eres una columna de ceniza (yo te quemé), una toalla en la per-

cha para las manos que pasan y se frotan, un enorme búho de ojos grises que espera todavía mi nombramiento decorativo, mi declaración conforme a la justicia, a la bondad del buen vecino, a la moral radiotelefónica. No puedo allegarme, mamá, no puedo ser lo que todavía ves en esta cara. Y no puedo ser otra cosa en libertad, porque en tu espejo de sonrisa blanda está la imagen que me aplasta, el hijo verdadero y a medida de la madre, el buen pingüino rosa yendo y viniendo y tan valiente hasta el final, la forma que me diste en tu deseo: honrado, cariñoso, jubilable, diplomado.

Apenas por venir. Ni siquiera volver
un poco: estaré
de ida siempre. De ida
miro, de ida caigo.

Francisco Urondo, *Cánones*

INFLACION QUE MENTIRA

Los espejos son gratis
pero qué caro mirarse de verdad, y cómo verse
que no sea saludo a precio fijo
postal con la vista de la torre
inclinada.
Los perros rabiosos son gratis
por esas cosas nunca paga nada
en cambio este felipe   esta tacita
de tapioca   o el capuchino del amanecer
ticket seguro   cero ochenta y el servicio
quizá lo encuentre comprendido   quizá no.
El sol es gratis   y esta goma de lápiz
cero cincuenta   pague para destruir! Los gatos
son gratis   La viruela boba
los accidentes   el humito
que da prestigio a la locomotora de los maniseros.
Los eclipses son gratis   tan bonitos y los discursos
en la Plaza de Mayo. Una nación
que lo hace todo por sus hijos. Lea
la guía con el plano: dos cuarenta.
El amor es gratis   paga al final   o bien
le pagan (depende de la suerte o la corbata).
Precios variables: Lin Yu Tang   Boca Júniors
usted lo ve   lo prueba   y se lo lleva.
La muerte es gratis. Una   dos   y tres
una cucharada para papá
y otra para mamá   así lindo el nene.

**Poco antes o después de irme murió en Buenos
Aires un joven poeta que era amigo de cafés, de
rápidas entradas y salidas, misterioso y claro a
la vez bajo un chambergo de ala baja, con una
cara que recuerdo italiana, renacentista, oliva,
una voz como de muy atrás, de muy adentro.**

VIAJE APLAZADO

In memoriam Mario Albano

Al costado del río, con la cabeza al viento,
cubierto de irrisión y escondida ternura,
ceñido en esa dura juventud por donde entra la luna,
denunciando, exigiendo,
pequeño juez, pequeño juez, los vivos siguen!

Nunca un intercesor
ni el entender vicario,
nunca calcomanías ni postales.
El encuentro sin cita, la verdad reclamada,
boca contra la boca, agua y sed una misma
manzana inalcanzada.

(No hay tregua, y el perdón
como una flor se corta con los labios;
la mano palpa el día
terriblemente breve,
la hermosura que avanza envuelta en trapos,
y la necesidad de sonreir
cae hacia adentro como un despeñarse.)

En Buenos Aires, capital del miedo,
urgiste la cruzada
tejiéndote una cota que no sintió latir tu corazón
donde —sí, créeme— se hubieran agolpado las lluvias y los
   días,
las mujeres y el precio de las cosas,
y que quebró sin fraude, anónimo,
sin ser casi noticia.

Te vimos reclutar jinetes de salida,
te vimos ordenar bastimentos de viaje.

Te lo deben, muchacho.
La imperfección se cumple rigurosa.

Tiempos de escarnio, de exasperación que acabó
metiéndose en la escritura, dislocándola, haciendo de ella una ráfaga indiscriminada donde
se mezclaban slogans comerciales ("Cubana sello verde") y Vallejo, ya lo dije, su oscurísima
trama, y lo cotidiano, es decir lo vomitado, lo
resentido, lo para siempre insoportable.

LA MARCHA DEL TIEMPO

Además me desplaza los centros,
me achaparra el alma
este calor sin fuego, esta moneda sin dinero,
los retratos que cuelgan de las caras,
los botines vacíos entrando en los tranvías.

Cosas de cielo tiradas en los rincones
no me consuelan ya,
porque no se es feliz con no ser desgraciado,
no se vuelve a domingo desde martes.

Preguntas y respuestas,
cubana sello verde,
hoy tocó pero tan bien la pianista
a beneficio de los hijos de los ahogados,
una mujer vendía pastelitos en la Plaza de Mayo;
observe que digo día hábil.

Métase en cintura, ciudadano,
vote porque las nubes se levanten
y los pajaritos canten,
medite la miel que se acepta vómito,
el perro que devora el vómito,
el vómito que sufre de haber sido sopa y vino
y mírelo tirado boca arriba.

Todo me jode, pero las cosas crecerán
al modo de la sangre en los termómetros,

y por qué hacerme caso: otros esperan

importantes, y aquí te quiero ver:
¡Ciudadano! ¿De qué color
era el caballo blanco de San Martín?

I have no solutions. I don't hate the rich.
I just want them to sleep less well tonight.

JAMES KRUSOE, *Hydra*

LA VUELTA AL PAGO

Yo entresueño, cuña entre cortinas, buzo de lavabos.
Encuentro cosas, qué hacerle, ocupaciones raras,
me parece entender de otra manera la sonata.

Ahora me despierto, y todavía
queda un saber, un tímido recuerdo. Pero del lado
del reloj, la nada
para que te mires la nariz, las cejas cosa a cosa,
y te recompongas si puedes con el goce
de entrar una vez más en los zapatos, el chaleco.
¡Qué bueno, qué-igual-a-ayer,
qué bien me quedan! (Y todavía ese sueño, eso
así tan blando tan adentro tan no olvido,

pero ese ser tan yo y no serlo más,
apenas día, apenas otra vez café, mi nombre y las noticias
del exterior del exterior del exterior.)

Nuestra autocompasión estaba demasiado presente en la poesía bonaerense de ese tiempo plagado de elegías, que en el fondo eran tangos con diploma de alta cultura, el mismo amargo regusto de nuestras frustraciones locales que se travestían con la involuntaria ayuda de los dior o los cardin importados por las modas poéticas del momento (el año Lorca, el semestre Hölderlin...). Para uno que otro buscando una identidad y de ahí una reconciliación, cuántos se contentaban con sustituir raíces por injertos, el habla nacional por pastiches anglo/franco/españoles. Por supuesto yo también había caído en la trampa y cómo, pero a la hora de las rupturas busqué salir a manotones, desde poemas y cuentos y destierro. Sin un camino preciso, pero seguro de que debía escapar de las rutinas porteñas tal como se practicaban en esos años. Había que irse (en todo caso yo tenía que irme), agazaparse en la ironía, mirarse desde ahí sin lástima, con un mínimo de piedad, confiando en poder volver alguna vez "más viejo y más sapiente" (cita de un poeta inglés, me dirá alguien justamente). Y que las razones de la cólera y la nostalgia no fueran solamente el hecho de estar tan atado al poste ciudadano, a los ritos de la mufa.

Hablo de la poesía de Buenos Aires; casi todo lo que se escribía en el interior del país le era también extranjero, pero sin el *cachet* de ultramar y por lo tanto desdeñable.

1950 AÑO DEL LIBERTADOR, ETC.

Y si el llanto te viene a buscar...
(De un tango)

Y si el llanto te viene a buscar
agarralo de frente, bebé entero
el copetín de lágrimas legítimas.
Llorá, argentino, llorá por fin un llanto
de verdad, cara al tiempo
que escamoteabas ágilmente,
llorá las desgracias que creías ajenas,
la soledad sin remisión al pie de un río,
la culpa de la paz sin mérito,
la siesta de barrigas rellenas de pan dulce.
Llorá tu infancia envilecida por el cine y la radio,
tu adolescencia en las esquinas del hastío, la patota, el amor
    sin recompensa,
llorá el escalafón, el campeonato, el bife vuelta y vuelta,
llorá tu nombramiento o tu diploma
que te encerraron en la prosperidad o la desgracia,
que en la llanura más inmensa te estaquearon
a un terrenito que pagaste
en cuotas trimestrales.

LA YETA DEL SAPITO

Todo ojo es luz, la luz este ojo entenebrado
que trepa por el brazo de las doce, bebiendo
la verdad inutilísima de las nubes y su hermosura joven.
¡Labio de ojo, boca de beso todo, pestañas de diente
donde se enreda la vía láctea o la tormenta!

Ay pero yo pozo
agazapado con su sapo abajo cantando
y qué cantas sapito guitarrero en esta negra
kodak devoradora, qué succiones extremas
para que de fuera te caiga la cocacola de la luna,
el martes, el teléfono, el repórter esso,
un pétalo mascado por la rabia
de otros ojos con sapos
vomitadores: gente empleada, seres útiles
que miran, ordenan, clasifican, devuelven
y así va el mundo.

A veces un versito y se lo traga.
Vive como se ve, de prestado y a saltos,
por eso sigamos mirando, no se me muera un día.

PORTRAIT DE FAMILLE

Un trépano, o despertar con una espina en cada diente
y tener
hambre!
Acaricias la piel de las manos, y esto?
Nada, es que se caen. Espera,
iremos a ponerte entre algodones mojados
ese ojo que te cuelga de un hilito.

Un trépano, zumbando arriba asusta
al pobre que salía con su sara o su nilda,
pronto, una calle familiar un cinecito
chocolate vainillas
(¿y el canario, le dieron de comer? Tan solo
en la casa vacía, animalito
de Dios).
Un trépano, o subido en una silla.
decir: Señores, qué emoción
estar vivo, pero esto qué es? Esto
¿qué es? Goma de espejos,
brillantina en el luto,
y la camisa empapada de
camisa, camisada de piel, engrudo
de poplín, de seda, no! Abajo yo era,
yo
qué emoción estar silla vivo encima
hablando!
Hablando, esa basura que resbala
por las solapas: Señores, hondamente

conmomente movido movimente
comido

qué emoción
qué emoción
qué emoción.

A veces era casi divertido, porque de golpe me nacía un meopa trufado de referencias clásicas (de muchacho tuve una fugaz vocación de helenista, hasta hice un fichero de mitología griega después de leerme todo Homero y Hesíodo, alentado por la bondad y el saber de Arturo Marasso). Muchísimos pameos precedentes lo reflejan, pero éste se instaló en plena rabia de despegue, adherencia tenaz y broncosa a la hora en que Perón desalojaba a Zeus para siempre de mi casa.

LAS RUINAS DE KNOSSOS

Ya no hay laberintos
ni reyes de mirada plana, imprecatorios,
inventando por gestos las leyes de la tierra.
Las calles se repueblan de monstruos cabizbajos
confundidos entre las vendedoras de pasteles y peinetas,
sin decretos ni claustración, caídos
a la irrisión de las miradas que los siguen y enumeran.
Ni prestigio, ni nombres execrados,
ni hermanas lamentándose en los muros.

Envueltos en bufandas se pierden en los huecos del tráfico
con paquetes que llevan a sus casas,
a las pensiones familiares donde comen y duermen.
A nadie tienen que los tema y vocifere,
ningún adolescente de encendida espada
irrumpe de la nave y corre a ellos para morder por fin
el alegre, jugoso durazno de la sangre.

Ya hacia el final de este maelstrom casero donde pasado y presente resbalaban por el embudo entrechocándose, la escritura se volvió casi automática. Yo que nunca había aceptado una gratuidad que no me fuera paradójicamente impuesta por un impulso irresistible —que entonces llamaba intuición y no gratuidad—, vi escribirse cosas en las que textos pasablemente ininteligibles se abrían paso quieras que no y era preciso dejarlos, estaban ahí por algo y ese algo era la razón de todo lo demás. Me hacía gracia pensar en los tiempos en que pulía sonetos en las soledades pampeanas, en los eriales de Bolívar, de Chivilcoy, de Mendoza. Todo era embudo ahora, me veía caer en el poema giratorio succionado por su espiral, golpeado por los restos flotantes del naufragio, códigos, sintaxis, prosodias.

Fue un tiempo en el que la naturaleza imitó más que nunca el arte. En casa de unos parientes apareció una heladera eléctrica jamás imaginada en la familia, y que compraron empeñándose hasta las uñas. Para celebrarlo, *hicieron una fiesta* a la que tuve que ir.

ENTRONIZACION

Progress is a comfortable disease
E. E. CUMMINGS

Aquí está, ya la trajeron, contempladla: oh nieve
azucarada, oh tabernáculo!

El día era propicio y mamá fue por flores,
y las hermanas suspiraban, fallecidas.

Aire de espera, acceso al júbilo, ya está! ¡Aleluya!
¡Corazón sin dientes, cubo del más cristal, taracería!
(Pero el padre dispone pausa pura, y persiflora
el silencio con las manos impuestas: sea
contemplación.

Estábamos. Osábamos,
apenas-)

Aquí está ya la trajeron, nieve tabernáculo.
Mientras nos acompañe viviremos
mientras ella lo quiera viviremos
hasta que lo disponga viviremos.

Hosanna, Westinghouse, hosanna, hosanna.

**Y tal vez en esa misma fiesta, en cualquier rincón donde
hubiera una botella de caña y cigarrillos,**

LA POLCA DEL ESPIANTE

El bandoneón, con tantos pliegues, ¿por qué un sonido
turbio masticado, ese silbido blando que no hace
darse vuelta al silencio?
Pobre máquina, cielito de nácar, túnel de amor para la rata,
no sé cómo decirte: cesa, desintégrate,
corazón postal tejido con engrudo
bajo camisas donde no estallará el árbol de la lluvia.
Respiración arrendable para muertos que vuelven,
apenas pocas manos te imponen razón
de durar. Me hablo a mí mismo, a la hora
de la funda, del baile estuvo espléndido,
tan familiar tan concurrido.

Me fui, como quien se desangra.
**Así termina Don Segundo Sombra, así termina la
cólera para dejarme, sucio y lavado a la vez,
frente a otros cielos. Desde luego, como Orfeo,
tantas veces habría de mirar hacia atrás y pagar
el precio. Lo sigo pagando hoy; sigo y seguiré
mirándote, Eurídice Argentina.**

EL ENCUBRIDOR

Ese que sale de su país porque tiene miedo,
no sabe de qué, miedo del queso con ratón,
de la cuerda entre los locos, de la espuma en la sopa.
Entonces quiere cambiarse como una figurita,
el pelo que antes se alambraba con gomina y espejo
lo suelta en jopo, se abre la camisa, muda
de costumbres, de vinos y de idioma.
Se da cuenta, infeliz, que va tirando mejor, y duerme
a pata ancha. Hasta de estilo cambia, y tiene amigos
que no saben su historia provinciana, ridícula y casera.

A ratos se pregunta cómo pudo esperar todo ese tiempo
para salirse del río sin orillas, de los cuellos garrote,
de los domingos, lunes, martes, miércoles y jueves.
A fojas uno, sí, pero cuidado:
un mismo espejo es todos los espejos,
y el pasaporte dice que naciste y que eres
y cutis color blanco, nariz de dorso recto,
Buenos Aires, septiembre.

Aparte que no olvida, porque es arte de pocos,
lo que quiso, esa sopa de estrellas y de letras
que infatigable comerá
en numerosas mesas de variados hoteles,
la misma sopa, pobre tipo,
hasta que el pescadito intercostal se plante y diga
basta.

ESTE LIBRO
SE TERMINO DE IMPRIMIR
EN LOS TALLERES
DE ARTES GRAFICAS BENZAL, S. A.,
VIRTUDES, 7, 28010 MADRID,
EN EL MES DE MAYO DE 1985